21世纪日语系列教材

初级日语

第一册

（第2版）

（二外　高自考　成人教育用书）

总 主 编：赵华敏
本册主编：马俊荣　崔迎春
编者（以姓氏汉语拼音为序）：
　　　　崔迎春　杜　洋　李　燕　马俊荣
　　　　普书贞　杨　凡　赵华敏
主　　审：〔日〕大野纯子

图书在版编目(CIP)数据

初级日语.第1册/赵华敏总主编；马俊荣,崔迎春,李燕主编.—2版.—北京：北京大学出版社，2015.4
(21世纪日语系列教材)
ISBN 978-7-301-25726-5

Ⅰ.①初…　Ⅱ.①赵…　②马…　③崔…　④李…　Ⅲ.①日语—高等学校—教材　Ⅳ.①H36

中国版本图书馆CIP数据核字(2015)第083249号

书　　　名	初级日语　第一册（第2版）
著作责任者	赵华敏　总主编　马俊荣　崔迎春　李　燕　主编
责任编辑	兰　婷
标准书号	ISBN 978-7-301-25726-5
出版发行	北京大学出版社
地　　　址	北京市海淀区成府路205号　100871
网　　　址	http://www.pup.cn　新浪微博:@北京大学出版社
电子信箱	zpup@pup.pku.edu.cn
电　　　话	邮购部 62752015　发行部 62750672　编辑部 62765014
印刷者	北京圣夫亚美印刷有限公司
经销者	新华书店
	787毫米×1092毫米　16开本　20.25印张　410千字
	2006年7月第1版
	2015年4月第2版　2021年7月第5次印刷（总第16次印刷）
定　　　价	55.00元

未经许可，不得以任何方式复制或抄袭本书之部分或全部内容。
版权所有，侵权必究
举报电话：010-62752024　电子信箱：fd@pup.pku.edu.cn

第1版编者

总 主 编：赵华敏（北京大学日语系 教授）
本册主编：陈俊英（湛江师范学院日语系 教授）
　　　　　马俊荣（中国农业大学外语系 教授）
　　　　　章　莉（天津商业大学日语系 副教授）
　　　　　刘　伟（天津大学日语教学部 副教授）
主　　审：田中ゆかり（日本大学文理学部 教授）

编　　者（以姓氏汉语拼音为序）：
　　　　　陈俊英　崔迎春　杜　洋
　　　　　何彩莲　黄　敏　刘　伟
　　　　　刘玉芹　马俊荣　武慧敏
　　　　　杨朝桂　杨　凡　袁哲敏
　　　　　章　莉　赵华敏　周学军

插　　图：何　弦

录　　音：米村 美树子
　　　　　笈川 幸司
　　　　　中岛 裕子

第 2 版前言

《初级日语》(第一册)自 2006 年 7 月第 1 版出版至今已经历了 9 年。在这 9 年的使用过程中,深受广大使用者的喜爱,并被评为北京高等教育精品教材。

为了把这套教材打造得更加完美,应北京大学出版社的要求,受原编著者的委托,本着精益求精的精神,我们对全书做了修订和补充。具体情况如下:

1. 更正了第 1 版中的错误和不妥之处。
2. 对于已经不合时宜的内容作了修改。
3. 把《初级日语教与学》中的"単元の練習（一）（二）（三）"移至主教材。
4. 增加了练习答案(部分)。
5. 制作了与本教材配套的课件。

虽然我们尽了最大努力,力求使教材更加完善,但由于时间和水平有限,仍有很多不尽如人意的地方。望使用者见谅,并给予批评指正。

编者
2015 年 1 月

第 1 版前言

近年来,我国的日语教育事业有了长足的发展,教学理念发生了新的变化。开扩学习者的国际视野,提高其综合运用外语的能力,是当前外语教学的一大趋势。为了促进这一局面的进一步展开,我们参照《大学日语第二外语课程教学要求》(高等学校大学外语教学指导委员会日语组编,高等教育出版社,2005年7月,第一版)和《日本语能力测试出题标准(修订版)》(国际交流基金财团法人 日本国际教育协会,2002年2月25日),编写了《初级日语》这套教材。

《初级日语》共两册,配有参考书《教与学》和多媒体光盘。编者多是中日两国长期从事日语教学的教师。使用对象为高等院校零起点的以日语作为第二外语学习的非日语专业的本科生、研究生、高等教育自学考试的学生、各类成人教育机构的日语学习者以及所有自学日语者。完成《初级日语》第1、2册的学习者一般可以达到日本国际交流基金和日本国际教育协会举办的"日语能力测试"的3级水平。

《初级日语》的主要特点如下:

1. 内容上力求具有思想性、科学性和趣味性。注意融入时代气息和信息量。使学习者在学习日语的同时了解日本社会、文化和日本人,不断扩展学习者的国际视野。

2. 以培养学习者综合运用日语的能力为目标,通过贴近学习者实际生活的、力求自然的会话和文章形式学习语言知识和得体的表达形式。第1册课文全部以会话的形式出现,旨在强化学习者实际运用日语的能力;第2册以会话和文章的形式出现,力求使学习者体会日语口语和书面语的差异,了解不同文体的语感和作用。

3. 采用近些年来日本对外日语教学中常见的语法体系的同时,部分融入传统日语教学语法体系中的习惯术语,力求做到学者好学、教者好教。

4. 充分利用多媒体光盘的优势,通过生动的图像和声音效果提高学习者的兴趣及实际运用语言的能力。同时调动学习者的自主性,便于学习者课后复习和自学。

如果本教材的出版能够对我国日语教学事业的发展起到促进和推动作用,作为编写者将感到无比欣慰。

由于时间仓促,水平有限,教材中有诸多不尽如人意的地方。希望各位同仁和学习者批评指正。

编 者
2006年4月

本册说明

《初级日语》(第1册)共15课,1-4课为"音声(语音)",5-15课为"本文(正课文)"。

"音声"介绍了日语假名的发音要领及语音方面的知识等。学习者可以通过练习,掌握正确的日语发音方法,为学好日语打下基础。

"本文"每课包括"導入(导入)""会話Ⅰ　会話Ⅱ(会话Ⅰ　会话Ⅱ)""新しい言葉(新单词)""説明(说明)""練習(练习)""補足単語(补充单词)""コラム(专栏)"。

"導入"以提问的方式**把该课的重点告诉学习者,目的是引导学习者带着问题学,尽快进入学习状态**。"会話Ⅰ"和"会話Ⅱ"以一名中国留学生在日本的学习和生活为主线展开各种各样的话题。"新しい言葉"是"会話Ⅰ"和"会話Ⅱ"中出现的新单词,注有读音、汉字、声调、词性、中文释义,外来语标有来源语的拼写方法。"説明"包括"コミュニケーション表現(交际用语)""文法(语法)""文型(句型)""解釈(注释)"。其中,"コミュニケーション表現"以日常会话中的交际用语为主,注重解释使用场景和对象,力求做到使用得当;"文法"主要解释词法和句法;"文型"主要从意义、接续方法等方面做了说明;"解釈"是用来解释含有在该课暂时不宜展开讲解的语法现象的句子。"練習"是根据课文出现的生词、语法、交际用语等进行举一反三的练习,让学习者掌握并活用该课所学的内容。"補足単語"是"説明"和"練習"中出现的新单词,设置该项,是为了给学习者提供自主、弹性学习的空间,可根据自己的实际情况决定是否记忆、掌握。"コラム"主要介绍与课文相关的知识,力求通过此栏目让学习者更多地了解日本社会、文化和日本人。

多媒体光盘主要包括假名书写、语音、会话、练习,并配有图像,以帮助学习者加深对课文的理解,提高学习兴趣,反复进行操练。

本册教材共有新单词462个(不包括语音阶段及用于说明和练习的补充单词);交际用语56句;语法105项;句型49个。可供60-64学时使用。

本册教材的具体分工如下：

赵华敏教授为总主编，负责总体设计、全书统稿、定稿；日本大学文理学部田中ゆかり教授为主审。陈俊英教授负责第7、8、11、13课课文的编写和"説明"的解说及全书统稿；马俊荣教授负责第5、6、10、14课课文和5—15课的"コラム"的编写、语法项目的排列、"新しい言葉"的注释、参与图和多媒体光盘的设计；章莉副教授负责第9、12、15课课文和"練習"的编写、"補足単語"的注释；刘伟副教授负责第1、2、3、4课的编写。另外，各位主编所在大学的部分日语教师也参加了执笔（详见编者处）。

北京大学教授孙宗光先生、天津商业大学外籍专家久下顺司先生、日本大正大学专任讲师大野纯子女士、中日友好人士中川寿子女士、近藤泉女士都对本册教材的编写提出了宝贵意见。另外，在本书编写的过程中，中国农业大学的编写者们始终得到日本爱媛县日中农林水产交流协会会长吉本正先生、协会秘书长井伊缀先生的精神鼓励及所需资料的大力支援。在此一并表示感谢。

目次

日语语音 …………………………………………………………………… i

日语假名书写方法 ………………………………………………………… iii

日语假名来源汉字 ………………………………………………………… v

日语罗马字 ………………………………………………………………… vi

主要出场人物 ……………………………………………………………… ix

缩略语、符号一览表 ……………………………………………………… x

第1課　　音声（1）……………………………………………………… 1

第2課　　音声（2）……………………………………………………… 10

第3課　　音声（3）……………………………………………………… 21

第4課　　音声（4）……………………………………………………… 34

第5課　　どうぞ，よろしくお願いします ……………………………… 43

　　　　会話Ⅰ　初めまして，馬です/43

　　　　会話Ⅱ　これは木村さんの家族の写真ですか/45

第 6 課　北京も秋はいい季節ですよ ……………………………… 61
　　　　会話Ⅰ　いいお天気ですね/61
　　　　会話Ⅱ　昨日は暑かったですが，今日は涼しいですね/63

第 7 課　ここの紅葉は有名です ………………………………… 80
　　　　会話Ⅰ　わたしの故郷は北京の郊外で，静かなところです/80
　　　　会話Ⅱ　秋はさわやかで，気持ちがいいです/82

第 8 課　本部キャンパスには学部が 4 つあります …………… 98
　　　　会話Ⅰ　どこが国際交流センターですか/98
　　　　会話Ⅱ　店員さんが 2 人しかいません/101

第 9 課　わたしもそこへ行きます ……………………………… 119
　　　　会話Ⅰ　わたしは電車で来ます/119
　　　　会話Ⅱ　写真を撮りましたか/121

第 10 課　お誕生日，おめでとうございます ………………… 140
　　　　会話Ⅰ　母からセーターをもらいました/140
　　　　会話Ⅱ　わたしは赤いのを選びました/142

第 11 課　各地から観光客が集まるでしょう ………………… 157
　　　　会話Ⅰ　クラブ活動で鎌倉へ行きます/157
　　　　会話Ⅱ　雨が降るかどうか分かりません/159

目 次

第12課　どうぞ，楽にしてください ……………………………… 175
　　　　会話Ⅰ　お料理のほうをたくさん食べてください/175
　　　　会話Ⅱ　お風呂の入り方を教えてください/178

第13課　みんなはいろいろなことをやっていますね …………… 196
　　　　会話Ⅰ　水ギョーザを作っています/196
　　　　会話Ⅱ　中国の大学へ行って勉強しました/198

第14課　今後の勉強に必要だと思いますから ……………………… 212
　　　　会話Ⅰ　本で調べたり，日本人の友達に聞いたりします/212
　　　　会話Ⅱ　日本の物価について調べました/214

第15課　コーヒーも飲みたいです …………………………………… 229
　　　　会話Ⅰ　何か冷たい飲み物がほしいですね/229
　　　　会話Ⅱ　ぼくはテニスより野球が得意なんですよ/231

付録1　単元の練習（1） …………………………………………… 246
　　　　単元の練習（2） …………………………………………… 251
　　　　単元の練習（3） …………………………………………… 256
付録2　コミュニケーション表現の索引 …………………………… 261
付録3　文法の索引 …………………………………………………… 263
付録4　文型の索引 …………………………………………………… 268
付録5　新しい言葉の索引 …………………………………………… 270
付録6　補足単語の索引 ……………………………………………… 279
付録7　中国の省および省庁所在地の読み方 ……………………… 283
付録8　日本の都道府県と県庁所在地の読み方 …………………… 285
付録9　練習答案（部分） …………………………………………… 289
主な参考書 …………………………………………………………… 300

日语语音

1. 五十音图

平假名

	あ段	い段	う段	え段	お段
あ行	あ	い	う	え	お
か行	か	き	く	け	こ
さ行	さ	し	す	せ	そ
た行	た	ち	つ	て	と
な行	な	に	ぬ	ね	の
は行	は	ひ	ふ	へ	ほ
ま行	ま	み	む	め	も
や行	や	(い)	ゆ	(え)	よ
ら行	ら	り	る	れ	ろ
わ行	わ	(ゐ)	(う)	(ゑ)	を
拨音	ん				

片假名

	ア段	イ段	ウ段	エ段	オ段
ア行	ア	イ	ウ	エ	オ
カ行	カ	キ	ク	ケ	コ
サ行	サ	シ	ス	セ	ソ
タ行	タ	チ	ツ	テ	ト
ナ行	ナ	ニ	ヌ	ネ	ノ
ハ行	ハ	ヒ	フ	ヘ	ホ
マ行	マ	ミ	ム	メ	モ
ヤ行	ヤ	(イ)	ユ	(エ)	ヨ
ラ行	ラ	リ	ル	レ	ロ
ワ行	ワ	(ヰ)	(ウ)	(ヱ)	ヲ
拨音	ン				

注：在日本近代对假名的表记进行改革之后，现代日语中取消了ゐヰ、ゑヱ，分别由同音假名いイ、えエ替代。所以此后的表格中略去了这两个假名。

2. 浊音（平假名和片假名）

が行	が（ガ）	ぎ（ギ）	ぐ（グ）	げ（ゲ）	ご（ゴ）
ざ行	ざ（ザ）	じ（ジ）	ず（ズ）	ぜ（ゼ）	ぞ（ゾ）
だ行	だ（ダ）	ぢ（ヂ）	づ（ヅ）	で（デ）	ど（ド）
ば行	ば（バ）	び（ビ）	ぶ（ブ）	べ（ベ）	ぼ（ボ）

3. 半浊音（平假名和片假名）

ぱ行	ぱ（パ）	ぴ（ピ）	ぷ（プ）	ぺ（ペ）	ぽ（ポ）

4. 拗音（平假名和片假名）

きゃ（キャ）	きゅ（キュ）	きょ（キョ）
ぎゃ（ギャ）	ぎゅ（ギュ）	ぎょ（ギョ）
しゃ（シャ）	しゅ（シュ）	しょ（ショ）
じゃ（ジャ）	じゅ（ジュ）	じょ（ジョ）
ちゃ（チャ）	ちゅ（チュ）	ちょ（チョ）
ぢゃ（ヂャ）	ぢゅ（ヂュ）	ぢょ（ヂョ）
にゃ（ニャ）	にゅ（ニュ）	にょ（ニョ）
ひゃ（ヒャ）	ひゅ（ヒュ）	ひょ（ヒョ）
びゃ（ビャ）	びゅ（ビュ）	びょ（ビョ）
ぴゃ（ピャ）	ぴゅ（ピュ）	ぴょ（ピョ）
みゃ（ミャ）	みゅ（ミュ）	みょ（ミョ）
りゃ（リャ）	りゅ（リュ）	りょ（リョ）

日语假名书写方法

1. 平假名笔顺图

あ	い	う	え	お
か	き	く	け	こ
さ	し	す	せ	そ
た	ち	つ	て	と
な	に	ぬ	ね	の
は	ひ	ふ	へ	ほ
ま	み	む	め	も
や		ゆ		よ
ら	り	る	れ	ろ
わ				を
ん				

2. 片假名笔顺图

ア	イ	ウ	エ	オ
カ	キ	ク	ケ	コ
サ	シ	ス	セ	ソ
タ	チ	ツ	テ	ト
ナ	ニ	ヌ	ネ	ノ
ハ	ヒ	フ	ヘ	ホ
マ	ミ	ム	メ	モ
ヤ		ユ		ヨ
ラ	リ	ル	レ	ロ
ワ				ヲ
ン				

日语假名来源汉字

1. 平假名的字源

	あ段	い段	う段	え段	お段
あ行	安→あ	以→い	宇→う	衣→え	於→お
か行	加→か	幾→き	久→く	計→け	己→こ
さ行	左→さ	之→し	寸→す	世→せ	曽→そ
た行	太→た	知→ち	川→つ	天→て	止→と
な行	奈→な	仁→に	奴→ぬ	祢→ね	乃→の
は行	波→は	比→ひ	不→ふ	部→へ	保→ほ
ま行	末→ま	美→み	武→む	女→め	毛→も
や行	也→や		由→ゆ		与→よ
ら行	良→ら	利→り	留→る	礼→れ	呂→ろ
わ行	和→わ	為→ゐ		恵→ゑ	遠→を
拨音	无→ん				

2. 片假名的字源

	ア段	イ段	ウ段	エ段	オ段
ア行	阿→ア	伊→イ	宇→ウ	江→エ	於→オ
か行	加→カ	幾→キ	久→ク	介→ケ	己→コ
サ行	散→サ	之→シ	須→ス	世→セ	曽→ソ
た行	多→タ	千→チ	川→ツ	天→テ	止→ト
ナ行	奈→ナ	二→ニ	奴→ヌ	祢→ネ	乃→ノ
ハ行	八→ハ	比→ヒ	不→フ	部→ヘ	保→ホ
マ行	末→マ	三→ミ	牟→ム	女→メ	毛→モ
ヤ行	也→ヤ		由→ユ		与→ヨ
ラ行	良→ラ	利→リ	流→ル	礼→レ	呂→ロ
ワ行	和→ワ	井→ヰ		恵→ヱ	乎→ヲ
拨音	尔→ン				

日语罗马字

1. 五十音图

	あ段	い段	う段	え段	お段
あ行	a	i	u	e	o
か行	ka	ki	ku	ke	ko
さ行	sa	si [shi]	su	se	so
た行	ta	ti [chi]	tu [tsu]	te	to
な行	na	ni	nu	ne	no
は行	ha	hi	hu [fu]	he	ho
ま行	ma	mi	mu	me	mo
や行	ya	(i)	yu	(e)	yo
ら行	ra	ri	ru	re	ro
わ行	wa	(i)	(u)	(e)	o【wo】
拨音	n				

2. 浊音

が行	ga	gi	gu	ge	go
ざ行	za	zi [ji]	zu	ze	zo
だ行	da	zi [ji]【di】	zu【du】	de	do
ば行	ba	bi	bu	be	bo

3. 半浊音

ぱ行	pa	pi	pu	pe	po

4. 拗音

kya	kyu	kyo
gya	gyu	gyo
sya[sha]	syu[shu]	syo[sho]
zya[ja]	zyu[ju]	zyo[jo]
tya[cha]	tyu[chu]	tyo[cho]
zya[ja]	zyu[ju]	zyo[jo]
nya	nyu	nyo
hya	hyu	hyo
bya	byu	byo
pya	pyu	pyo
mya	myu	myo
rya	ryu	ryo

注：本表采用的是"训令式(訓令式)"，[ ]内是"黑本式(ヘボン式)"，【 】内为"日本式(日本式)"。

主要出場人物

マリーです。インドの留学生です。
どうぞ，よろしくお願いします。

はじめまして，トムです。
アメリカの留学生です。
どうぞ，よろしく。

わたしは馬です。
中国の留学生です。
どうぞ，よろしくお願いします。

ぼくは木村です。馬さんの友だちで，
同じ大学で勉強しています。
よろしくお願いします。

佐藤と申します。馬さんの友だちです。
同じ大学で勉強しています。
どうぞ，よろしくお願いします。

缩略语、符号一览表

(名)——名词　　　　　　(代)——代词
(数)——数词　　　　　　(量)——量词
(形名)——形式名词　　　(动1)——动词1
(动2)——动词2　　　　　(动3)——动词3
(自)——自动词　　　　　(他)——他动词
(形1)——形容词1　　　　(形2)——形容词2
(副)——副词　　　　　　(连体)——连体词
(感)——感叹词　　　　　(接)——接续词
(接助)——接续助词
⓪①②③……——声调符号(有两个声调时常用者在前)

第 1 課

音声（1）

導入

あ行　か行　さ行　た行

あ行

平假名	あ	い	う	え	お
片假名	ア	イ	ウ	エ	オ
罗马字	a	i	u	e	o
国际音标	[a]	[i]	[ɯ]	[e]	[o]

发音要领：

"あ行"五个假名都是元音。现代日语里只有五个元音，其他各行假名的音几乎都是由一个辅音和这五个元音中的一个拼音而成。所以，发好这五个元音非常重要。

あ：

　　属于非圆唇元音。在日语元音中开口度最大，但比汉语的"啊"略小。双唇自然张开，舌头放低并稍向里缩，舌尖位于下齿后面。振动声带，声音洪亮。要保持口型不变。

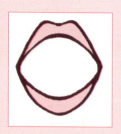

い：

　　属于非圆唇元音。开口度比较小，前舌向硬腭隆起，舌尖向下略微触及下齿龈。舌位在日语五个元音里为最高，但比发汉语的"衣"时略低。发音时声带发生颤动，双唇略松，声音较尖。要保持口型不变。

う：

　　属于非圆唇元音。双唇自然微起，不要像发汉语的"乌"那样向前突出，发音时声带发生颤动，舌面较平，开口度比"い"略小，声音较弱。要保持口型不变。

え：

　　属于非圆唇元音。双唇稍向左右咧开。舌面放平，开口度位于"あ"与"い"之间。发音时声带发生颤动，舌位不要滑动。要保持口型不变。

お：

　　属于轻微的圆唇元音。舌向后缩，后舌面隆起。开口度小于"あ"，大于"う"。发音时声带发生颤动，舌位不要滑动。要保持口型不变。

練習

あい① [愛]	爱	あう① [会う]	遇见，见面
いい① [良い]	好，可以	いう⓪ [言う]	说，讲
いえ② [家]	房子	うえ⓪ [上]	上边，上面
うお⓪ [魚]	鱼	え① [絵]	画
いいえ③	不是	あおい② [青い]	蓝色的
おう② [追う]	追赶，赶走	エア①	空气

か行

平假名	か	き	く	け	こ
片假名	カ	キ	ク	ケ	コ
罗马字	ka	ki	ku	ke	ko
国际音标	[ka]	[kʲi]	[kɯ]	[ke]	[ko]

发音要领：

发声时气流受到发音器官阻塞的是辅音。"か行"五个假名是由辅音[k]分别与"あ行"的五个元音相拼而成。

发辅音[k]时，后舌隆起，紧贴软腭，形成阻塞，然后使气流通过阻塞而出。声带不发生颤动。

此外，"か行"假名位于单词词头时发送气音，位于词中、词尾时一般发不送气音。发送气音时，喉部比较松弛，有明显粗重的气流从口腔喷出。发不送气音时，喉部紧张，送出的气流微弱。

練習

か⓪	[蚊]	蚊子	かく①	[書く]	写
かお⓪	[顔]	脸	えき①	[駅]	车站
あき①	[秋]	秋天	くい①	[杭]	木桩
くう①	[食う]	吃	きく⓪	[聞く]	听，问
け⓪	[毛]	毛	いけ②	[池]	池塘
ここ⓪		这里	こえ①	[声]	声音
こ⓪	[子]	孩子			

さ行

平假名	さ	し	す	せ	そ
片假名	サ	シ	ス	セ	ソ
罗马字	sa	si(shi)	su	se	so
国际音标	[sa]	[ʃi]	[sɯ]	[se]	[so]

发音要领：

这五个假名是由辅音[s]分别与"あ行"中的第一、第三、第四、第五个元音，以及辅音[ʃ]与"あ行"中的第二个元音相拼而成。

发辅音[s]时，舌尖贴近齿龈，形成一条狭窄的缝隙，使气流从缝隙中摩擦而出，声带不发生颤动，无声气流从舌齿间流出，形成类似"丝"的音。

"し"的发音是例外的。[ʃ]在后接[i]时发生"口盖化"，所以它的辅音用[ʃ]表示。

发辅音[ʃ]时，舌面抬起接近上齿龈和硬腭，形成一条狭窄的缝隙，使气流从缝隙中摩擦而出，声带不发生颤动。另外，"す"要避免发成汉语的"丝"或"苏"，应发二者的中间音。

練習

さけ⓪	[酒]	酒	かさ①	[傘]	伞
さす①	[刺す]	刺	しあい⓪	[試合]	比赛
いし②	[石]	石头，石子	あし②	[足]	脚，腿
あす⓪	[明日]	明天	いす⓪	[椅子]	椅子
すいか⓪	[西瓜]	西瓜	せかい①②	[世界]	世界
せき①	[席]	席位，座位	あせ①	[汗]	汗
そこ⓪		那儿，那里	おそい⓪	[遅い]	慢
すそ⓪	[裾]	衣服下摆			

た行

平假名	た	ち	つ	て	と
片假名	タ	チ	ツ	テ	ト
罗马字	ta	ti(chi)	tu(tsu)	te	to
国际音标	[ta]	[tʃi]	[tsɯ]	[te]	[to]

发音要领：

"た行"中"た""て""と"是由辅音[t]分别与"あ行"中的第一、第四、第五个元音相拼而成。

"ち"是由辅音[tʃ]与"あ行"中的第二个元音相拼而成，"つ"是由辅音[ts]和"あ行"中的第三个元音相拼而成。

发辅音[tʃ]时，舌尖抵住上齿龈，形成阻塞，然后使气流冲破阻塞而出，声带不发生颤动。

发辅音[ts]时，舌尖抵住上齿龈，形成阻塞，然后略微放开，使气流从缝隙中摩擦而出，声带不发生颤动。请注意"つ"的发音即不同于汉语的"磁"又不同于"粗"，应发二者的中间音，最终将音落在[ɯ]上。

練習

たつ① [立つ]	站立	
あした③	明天	
うち⓪	家	
つくえ⓪ [机]	桌子，书桌	
つい①	无意中	
テキスト①	课本	
おとこ③ [男]	男人	
たかい② [高い]	高；（价钱）贵	
ちかい② [近い]	近	
ち⓪ [血]	血	
いつ①	何时，什么时候	
て① [手]	手	
あと① [後]	之后	
こと② [事]	事情	

総合練習

一、朗读下列假名。

あ　い　う　え　お
ア　イ　ウ　エ　オ

か　き　く　け　こ
カ　キ　ク　ケ　コ

さ	し	す	せ	そ
サ	シ	ス	セ	ソ
た	ち	つ	て	と
タ	チ	ツ	テ	ト

あえい	いえあ	あおう	うおあ
アエイ	イエア	アオウ	ウオア
あえいう	えおあお	あいうえお	
アエイウ	エオアオ	アイウエオ	

かけき	きけか	かこく	くこか
カケキ	キケカ	カコク	クコカ
かけきく	けこかこ	かきくけこ	
カケキク	ケコカコ	カキクケコ	

させし	しせさ	さそす	すそさ
サセシ	シセサ	サソス	スソサ
させしす	せそさそ	さしすせそ	
サセシス	セソサソ	サシスセソ	

たてち	ちてた	たとつ	つとた
タテチ	チテタ	タトツ	ツトタ
たてちつ	てとたと	たちつてと	
タテチツ	テトタト	タチツテト	

🎧 二、用正确的语音语调大声朗读下列单词。

あい①	あう①	うお⓪	あお①	おい⓪
いえ②	あえ①	あおい②	うえ⓪	かお⓪
こえ①	こいけ⓪	かく①	こい①	きかい②
きこく⓪	おく⓪	あそこ⓪	せかい①	おかし②

三、试读下列外来语。

アイス①　エア①　テキスト①　ケア①　エキス①

四、朗读下列单词，注意它们之间的不同。

1. あさ①　あさ②　　2. うすい①　うすい⓪
3. さか①　さか②　　4. しか①　しか②
5. さけ①　さけ⓪　　6. さいかく①　さいかく⓪
7. かき①　かき②　　8. せき①　せき②
9. おく①　おく⓪　　10. さき①　さき⓪

五、听写。

1. か　さ　と　あ　き　そ
　　かけき　きけか　かこく　くこか
　　させす　すせさ　さそす　すそさ
　　たてち　ちてた　たとつ　つとた
2. あき　　ちか　　たかい　あした
　　あそこ　そして　さしお　かおく
　　しいたけ　こかい　かいそこ　おくきた

日常用語

1. おはようございます。　　早上好！
2. こんにちは。　　　　　　你好！
3. こんばんは。　　　　　　晚上好！
4. おやすみなさい。　　　　晚安。

日语假名的由来与五十音图

　　日本民族在汉字传入以前，虽然有自己的语言，但只是限于口头表达，没有用于记载书面语言的文字。大约是在隋唐时代，汉字由中国传入了日本。日本人最初先是直接采用汉字作为日本文字来记载日本语言，后来才逐渐根据汉字创造出日语的字母——假名。假名共有71个，包括清音、浊音、半浊音和拨音等。每一个假名都有两种写法，一种叫"平假名"，另外一种叫"片假名"。"平假名"是由汉字的草书简化而来的，用于一般的书写、印刷。"片假名"是由楷体演变而来的，采用汉字楷书的偏旁盖冠，用于记载外来语和一些象声词等特殊词汇（具体来源汉字请参考"日语假名来源汉字"）。此外，还有"罗马字"，用拉丁字母拼写，一般用于地名、人名、商标等。

　　把清音按照发音规律排列成表，即"五十音图"。表的横向称"行"，每行五个假名，共有十行。纵向称"段"，每段十个假名，共有五段。一般的日语工具书的条目都是按照五十音图的顺序排列，日语动词也是按照五十音图的"段"进行词尾变化的。因此必须按行按段熟记五十音图。其中有三个假名（い、う、え）是重复出现的，"ゐ""ゑ"用于古典，现代语中已经不再使用，因此，实际上只有四十五个假名。"五十音图"的最后一个假名"ん"叫"撥音（拨音）"，它只能附着在其他假名的后边，不能单独构成音节。

第2課

音声（2）

導入

な行　は行　ま行　や行　ら行　わ行

な行

平假名	な	に	ぬ	ね	の
片假名	ナ	ニ	ヌ	ネ	ノ
罗马字	na	ni	nu	ne	no
国际音标	[na]	[ɲi]	[nɯ]	[ne]	[no]

发音要领：

"な行"五个假名中"な ぬ ね の"是分别由辅音[n]与其相应的"あ行"的四个元音相拼而成。

发辅音[n]时，声带发生颤动，舌尖抵住上齿龈，前舌面贴住硬腭，以堵塞口腔通路，使气流从鼻腔自然流出。

"に"是用辅音[ɲ]和"あ行"的第二个元音拼合成的。辅音的发音方法特殊，舌面要贴住硬腭，软腭下垂，振动声带。使有声气流从鼻腔流出。

練習

なか①	[中]	里面	なく⓪	[泣く]	哭泣
すな⓪	[砂]	砂子	あに①	[兄]	哥哥
にし⓪	[西]	西	かに⓪	[蟹]	螃蟹
ぬの⓪	[布]	布	いぬ②	[犬]	狗
ぬく⓪	[抜く]	拔出	ねこ①	[猫]	猫
あね⓪	[姉]	姐姐	この⓪		这个
のこす②	[残す]	留下，剩下			

は行

平假名	は	ひ	ふ	へ	ほ
片假名	ハ	ヒ	フ	ヘ	ホ
罗马字	ha	hi	hu(fu)	he	ho
国际音标	[ha]	[ɕi]	[ɸɯ]	[he]	[ho]

发音要领：

"は行"中"は""へ""ほ"是由辅音[h]分别与"あ行"的第一、第四、第五个元音相拼而成。

发辅音[h]时，声带不发生颤动，自然张开口腔，使气流从声门摩擦而出。发音器官尽量放松，呼气不要太强。

另外，要注意"ひ"的辅音跟"は""へ""ほ"的辅音的发音方法不完全相同，发[ç]时，嘴微开，舌面隆起，接近硬腭盖，声带不振动，把无声气流从舌面和硬腭中间摩擦送出，调音点在硬腭。

"は行"假名"ふ"，由[ɸ]和"あ行"的第三个元音拼合而成。双唇微开，保持自然，上齿接近下唇，但是不能触及，中间留一缝隙，声带不振动，把无声气流从双唇之间的空隙摩擦送出，调音点留在双唇之间，类似吹蜡烛的感觉。

練習

はし① [箸]	筷子	はな② [花]	花
はは① [母]	母亲	ひと⓪ [人]	人
ひくい② [低い]	低，矮	ひ⓪ [日]	太阳
ふかい② [深い]	深	ふたつ③ [二つ]	两个，两岁
ふく② [服]	衣服	ソフト①	软件
へいき⓪ [平気]	不在乎	へた② [下手]	笨拙，拙劣
へそ② [臍]	肚脐	ほし⓪ [星]	星星
ほほ① [頬]	脸蛋儿		

ま行

平假名	ま	み	む	め	も
片假名	マ	ミ	ム	メ	モ
罗马字	ma	mi	mu	me	mo
国际音标	[ma]	[mʲi]	[mɯ]	[me]	[mo]

发音要领：

"ま行"五个假名分别由辅音[m]与"あ行"的五个元音相拼而成。发辅音[m]时，声带发生颤动，双唇紧闭形成阻塞，使气流从鼻腔流出。由于受元音[i]的影响，[mʲ]的舌位比[m]略有前移。

練習

まつ①	[待つ]	等待	なまえ⓪	[名前]	名字
マイナス⓪		负数	みみ②	[耳]	耳朵
みち⓪	[道]	道路	さむい②	[寒い]	寒冷
むく⓪	[向く]	朝向	むし⓪	[虫]	虫子
め①	[目]	眼睛	あめ①	[雨]	雨
こめ②	[米]	米	もし①		如果
もも⓪	[桃]	桃子	もの②	[物]	东西

や行

平假名	や	(い)	ゆ	(え)	よ
片假名	ヤ	(イ)	ユ	(エ)	ヨ
罗马字	ya	(i)	yu	(e)	yo
国际音标	[ja]		[jɯ]		[jo]

发音要领：

"や行"只有"や""ゆ""よ"三个假名。这三个假名是由半元音[j]分别与"あ行"的第一、第三、第五个元音相拼而成的。

半元音是介于元音和辅音之间的音，比元音发得短而轻，带有辅音的性质。

发半元音[j]时，声带发生颤动，舌的高度与元音"い"大致相同，舌面稍向上抬，带有稍微的摩擦。

練習

やま②	山	へや② [部屋]	房间
いや②	讨厌	ゆめ② [夢]	梦
ゆき② [雪]	雪	ふゆ② [冬]	冬天
よく①	经常，好好地	よめ⓪ [嫁]	媳妇
よむ① [読む]	读		

ら行

平假名	ら	り	る	れ	ろ
片假名	ラ	リ	ル	レ	ロ
罗马字	ra	ri	ru	re	ro
国际音标	[ɾa]	[ɾi]	[ɾɯ]	[ɾe]	[ɾo]

发音要领：

"ら行"的音节由辅音[ɾ]分别与"あ行"五个元音拼音而成。[ɾ]为舌尖闪音，发音时要微张嘴唇，翘起舌尖，轻弹上齿龈，声带震动。这样发出的音是词中或词尾的音，发词头的[ɾ]时，要用舌尖抵住上齿龈，然后在呼出气流的同时，放开舌尖，声带震动。

練習

うら② [裏]	背面	とら⓪ [虎]	虎
えらい② [偉い]	了不起	りえき① [利益]	利益
くり② [栗]	栗子	えり② [襟]	衣领
よる① [夜]	晚上	ふる① [降る]	下（雨，雪）
しるし⓪ [印]	标记	れきし⓪ [歴史]	历史
ゆれる⓪ [揺れる]	摇摆	おくれる⓪ [遅れる]	迟到
ふくろ③ [袋]	袋子	ひろい② [広い]	辽阔，广阔
いろいろ⓪	各种各样		

わ行

平假名	わ	(ゐ)	(う)	(ゑ)	を
片假名	ワ	(ヰ)	(ウ)	(ヱ)	ヲ
罗马字	wa	(i)	(u)	(e)	o
国际音标	[wa]	[i]	[ɯ]	[e]	[o]

发音要领：

"わ行"的五个音节只有"わ"的语音与"あ行"不同。"わ"的发音是由半元音[w]与"あ行"第一个元音相拼而成。

发半元音[w]时，双唇微微合拢，产生轻微的摩擦，声带震动。比元音发得短而轻，带有辅音的性质。

"わ行"中的"を"音与"あ行"的"お"音相同，只是"を"只用于格助词，不出现在单词中。

練習

わかる② [分かる]	明白，理解	わたし⓪	我
かいわ⓪ [会話]	会话	わかい② [若い]	年轻
こわい② [怖い]	害怕	わるい② [悪い]	坏
なわ② [縄]	绳子	ワイヤ①	电线
ワイフ①	妻子	すわる⓪ [座る]	坐

総合練習

一、朗读下列假名。

な	に	ぬ	ね	の
ナ	ニ	ヌ	ネ	ノ

は	ひ	ふ	へ	ほ
ハ	ヒ	フ	ヘ	ホ

ま	み	む	め	も
マ	ミ	ム	メ	モ

第2課

や	い	ゆ	え	よ
ヤ	イ	ユ	エ	ヨ

ら	り	る	れ	ろ
ラ	リ	ル	レ	ロ

わ	い	う	え	を
ワ	イ	ウ	エ	ヲ

なねに	にねな	なのぬ	ぬのな
ナネニ	ニネナ	ナノヌ	ヌノナ
なねにぬ	ねのなの	なにぬねの	
ナネニヌ	ネノナノ	ナニヌネノ	

はへひ	ひへは	はほふ	ふほは
ハヘヒ	ヒヘハ	ハホフ	フホハ
はへひふ	へほはほ	はひふへほ	
ハヘヒフ	ヘホハホ	ハヒフヘホ	

まめみ	みめま	まもむ	むもま
マメミ	ミメマ	マモム	ムモマ
まめみむ	めもまも	まみむめも	
マメミム	メモマモ	マミムメモ	

やえい	いえや	やよゆ	ゆよや
ヤエイ	イエヤ	ヤヨユ	ユヨヤ
やえいゆ	えよやよ	やいゆえよ	
ヤエイユ	エヨヤヨ	ヤイユエヨ	

られり	りれら	らろる	るろら
ラレリ	リレラ	ラロル	ルロラ
られりる	れろらろ	らりるれろ	
ラレリル	レロラロ	ラリルレロ	

わえい	いえわ	わをう	うをわ
ワエイ	イエワ	ワヲウ	ウヲワ
わえいう	えをわを	わいうえを	
ワエイウ	エヲワヲ	ワイウエオ	

二、按照行和段的顺序背诵五十音图。

三、用正确的语音语调大声朗读下列单词。

かめ①	くも①	ひみつ⓪	むすめ③	いちにち⓪
にし⓪	つよい②	やすい②	いのち①	やくそく⓪
みなみ⓪	りくつ⓪	はやい②	のむ①	みせ②
あたま③	むかし⓪	ふゆ②	しあわせ⓪	せわ②

四、试读下列外来语。

ソフト①	トマト①	ハム①	テニス①
マイク①	マイナス⓪	ユネスコ⓪	

五、朗读下列假名，注意它们之间不同的书写方法。

こーて	なーた	ちーさーき
すーお	はーほ	めーぬーね
チーテ	セーヤ	コーユーエ
マーム	ナーメ	シーミーツ
メーノ	ウーワ	マースーヌ

六、听写。

1. わ　は　や　よ　ま　の　ゆ
   なねに　ぬのな　はほふ　ふほは　みめま
   むもま　やゆよ　わをう　られり　るろら
2. とても　わに　みみ　むかし　もしもし
   いらない　れきし　すり　いろいろ
   あめふり　なし　にく　おかね

日常用語

1. いってきます。	我走了。
2. いってらっしゃい。	走好。快去快回。
3. ただいま。	我回来了。
4. おかえりなさい。	你回来啦。

罗马字的作用与由来

在日本，为了方便与西方等国家进行交流，减少文字隔阂，采用了以拉丁字母书写其固有名词等的方法，这就是罗马字。罗马字主要有如下用法：（1）略语（如：CD）；计量单位等的简称（如：m）；（3）标注外来语（如：FOCUS）；（4）表示顺序（如：A.B.C.D……）。需要注意的是，罗马字是日语的一种特殊书面表达形式，不是音标。日语罗马字有三种："黑本式（ヘボン式^{しき}）" "日本式（日本式^{にほんしき}）" "训令式（訓令式^{くんれいしき}）"。

其形成背景如下：

1867年，在日本传教的美国传教士詹姆士·黑本（James Curtis Hepburn）出版了《和英语林集成》，他在这部日英词典中开始使用罗马字对日语进行标注，所以将使用的罗马字拼写方法称为"黑本式"罗马字。这种罗马字是以英语的发音作为依据的。

1885年，田中馆爱橘按照日语音韵系统，以五十音图为基础，同行采用同一辅音（"ア"行除外）设计了日本式罗马字拼写方法。后人称之为"日本式"罗马字。

在当时，两派争论不休，罗马字的拼写并没有得到统一。

基于音韵学理论的"日本式"罗马字，得到了国内外不少语言学者的赞同。可是对于英语使用者来说却是难以接受的。为了使两种拼写合二为一，1937年9月日本政府以内阁训令第3号颁布了以两者为基础的、一个统一的"训令式"罗马字拼写方法。这种方法比较接近"日本式"罗马字，因而遭到拥护"黑本式"人们的反对。实际上，这种拼写方法也未能得到推广，结果形成了"三式并用"的局面。

第二次世界大战结束后初期，由于美国占领日本，"黑本式"罗马字比较盛行。1954年12月，日本政府又颁布了内阁告示第1号令，公布了最新的《罗马字拼写法》。它所提倡的拼写方法实际上是1937年的"训令式"的翻版。不同之处在于，它没有全面否定"黑本式"和"日本式"的罗马字拼写方法，而是规定其应用范围"只限于国际关系及国际惯例等难以突然改变的情况下"。

但是，在现实当中，每个人都是按照自己的习惯来决定使用不同的罗马字，所以现在罗马字的书写规则并没有做到绝对的统一。

第 3 課

音声（3）

導入

浊音　半浊音　拗音

浊音

浊音（濁音（だくおん））是由清音（清音（せいおん））四行假名派生出来的，写法是在其右上角标注浊音符号" ゛"。

1. が行

平假名	が	ぎ	ぐ	げ	ご
片假名	ガ	ギ	グ	ゲ	ゴ
罗马字	ga	gi	gu	ge	go
国际音标	[ga]	[gʲi]	[gɯ]	[ge]	[go]

发音要领：

"が行"浊音是由浊辅音[g]分别与"あ行"的五个元音相拼而成。发音时声带颤动。

[g]与[k]的发音部位相同，即后舌面鼓起，紧贴在软口盖上，阻塞气流通路，然后用有声气流冲破阻塞。二者的不同在于[k]是清辅音，发音时声带不振动；[g]是浊辅音，发音时声带震动。在发"き　ぎ"时，由于受元音[i]的影响，辅音[k]、[g]发生腭化，即舌位前移，接近硬腭，形成[kʲi]、[gʲi]两个音。

"が行"浊音如果位于词中或词尾时，按照传统读音规则，辅音[g]需要发成鼻音。此时后舌顶住软腭，使气流从鼻腔流出。不过现在有很多日本人并不再发鼻浊音。

練習

かがく①	[科学]	科学	ながい②	[長い]	长
がくれき⓪	[学歴]	学历	みぎ⓪	[右]	右边
ふしぎ⓪	[不思議]	不可思议	ぐあい⓪	[具合]	情况，状态
つぐ⓪	[次ぐ]	接着	しぐれ⓪	[時雨]	阵雨
げか⓪	[外科]	外科	ゆげ①	[湯気]	蒸气，热气
げきれつ⓪	[激烈]	激烈	いご①	[囲碁]	围棋
ごご①	[午後]	下午	ごろごろ①		无所事事

2．ざ行

平假名	ざ	じ	ず	ぜ	ぞ
片假名	ザ	ジ	ズ	ゼ	ゾ
罗马字	za	zi(ji)	zu	ze	zo
国际音标	[dza]	[dʒi]	[dzɯ]	[dze]	[dzo]

发音要领：

日语的浊辅音[dz]和[dʒ]与汉语的"z"和"j"相似，但汉语是清音，发音时声带不振动，发日语[dz]和[dʒ]时声带要振动。

在发"ず"时，元音较轻，且抬高舌面中部。

練習

ひざ⓪	[膝]	膝盖	ざつじ① [雑事]	杂事
ざせつ⓪	[挫折]	挫折	じき① [時期]	时期，时候
しじ①	[指示]	指示	じみ② [地味]	素，朴素
ずるい②		狡猾，奸滑	おかず⓪	菜肴，菜
はずれ⓪	[外れ]	不中，落空	ぜひ①	务必，必须
かぜ⓪	[風]	风	まぜる② [混ぜる]	混合
かぞく①	[家族]	家里人	なぞ⓪ [謎]	谜语
みぞ⓪	[溝]	水沟		

3．だ行

平假名	だ	ぢ	づ	で	ど
片假名	ダ	ヂ	ヅ	デ	ド
罗马字	da	zi(ji)	zu	de	do
国际音标	[da]	[dʒi]	[dzɯ]	[de]	[do]

发音要领：

[d] [dʒ] [dz]都是浊辅音，注意声带要振动。其中"だ""で""ど"是由浊辅音[d]和"あ行"的第一、第四、第五个元音相拼而成。

另外，"ぢ"和"じ"、"づ"和"ず"的发音完全相同，只是写法不同。

練習

だれ① [誰]	谁	だいすき① [大好き]	最喜欢
だめ②	没用，不行	みぢか⓪ [身近]	身边
ちぢめる⓪ [縮める]	缩小，缩短	まぢか①⓪ [間近]	临近
ちかづく⓪ [近づく]	靠近；接近	つづける⓪ [続ける]	继续
てづくり② [手作り]	手工制作	でも①	但是
そで⓪ [袖]	衣袖，袖子	でかける⓪ [出かける]	出去
まど① [窓]	窗户	どこ①	哪里，哪儿
まいど⓪ [毎度]	每次		

4．ば行

平假名	ば	び	ぶ	べ	ぼ
片假名	バ	ビ	ブ	ベ	ボ
罗马字	ba	bi	bu	be	bo
国际音标	[ba]	[bʲi]	[bɯ]	[be]	[bo]

发音要领：

"ば行"假名是由浊辅音[b]和"あ行"五个元音相拼而成。发音时声带颤动。发[bʲ]时舌位略往前移。

練習

ばあい⓪ [場合]	场合，时候	つばめ⓪ [燕]	燕子
ばか①	笨蛋	ビザ①	签证
あびる⓪ [浴びる]	浇，淋	こいびと⓪ [恋人]	恋人
ブラウス②	女士衬衫	しぶい② [渋い]	（味道）涩
ぶらぶら①	晃荡，溜达	かべ⓪ [壁]	墙壁
ベル①	铃，电铃	とくべつ⓪ [特別]	特别，特殊
ぼこく① [母国]	祖国	つぼ⓪ [壺]	罐，坛
ほぼ①	大约，大致		

半浊音

半浊音（半濁音 はんだくおん）是由清音"は行"派生来的，只有一行，是同"ば行"浊音相对应的。标注方法是在假名右上角标注半浊音符号"゜"

平假名	ぱ	ぴ	ぷ	ぺ	ぽ
片假名	パ	ピ	プ	ペ	ポ
罗马字	pa	pi	pu	pe	po
国际音标	[pa]	[pʲi]	[pɯ]	[pe]	[po]

发音要领：

半浊音"ぱ行"音节是由辅音[p]和"あ行"五个元音相拼而成。发音时声带不颤动。发[pʲ]时舌位略往前移。

此外，半浊音也有送气和不送气之分。位于词头时发送气音，词中、词尾一般发不送气音。

練習

パイプ⓪	管道，导管	パス①	通过
パパイヤ②	番木瓜	ピアノ⓪	钢琴
ピストル⓪	手枪	ぴりぴり①	神经过敏
プラス⓪①	加上；正数	プライド⓪	自尊心
ペア①	双，对	ぺこぺこ⓪	瘪，空
ぺらぺら⓪①	流利，流畅	ぽかぽか①	暖和，温暖
ポリグラフ③	心电图	ポスト①	邮筒

拗音

由"辅音+半元音+元音"构成的音节为拗音（拗音ようおん）。除"い"以外的"い段"假名（包括浊音、半浊音）分别与"や""ゆ""よ"三个假名拼成，共有 36 个。书写时"や""ゆ""よ"三个假名要靠右下角，写得小些。

发音要领：

书写形式上拗音是由两个假名组成的，但在发音时与其它音节相同，只占一拍。发音时，辅音要发得短而轻，元音要发得清晰到位，从辅音到元音的过渡要迅速、自然，中间不得有过渡音。

平假名	きゃ	きゅ	きょ
片假名	キャ	キュ	キョ
罗马字	kya	kyu	kyo
国际音标	[kʲa]	[kʲɯ]	[kʲo]

第 3 課

平假名	ぎゃ	ぎゅ	ぎょ
片假名	ギャ	ギュ	ギョ
罗马字	gya	gyu	gyo
国际音标	[gʲa]	[gʲɯ]	[gʲo]

平假名	しゃ	しゅ	しょ
片假名	シャ	シュ	ショ
罗马字	sya(sha)	syu(shu)	syo(sho)
国际音标	[ʃa]	[ʃɯ]	[ʃo]

平假名	じゃ	じゅ	じょ
片假名	ジャ	ジュ	ジョ
罗马字	zya(ja)	zyu(ju)	zyo(jo)
国际音标	[dʒa]	[dʒɯ]	[dʒo]

平假名	ちゃ	ちゅ	ちょ
片假名	チャ	チュ	チョ
罗马字	tya(cha)	tyu(chu)	tyo(cho)
国际音标	[tʃa]	[tʃɯ]	[tʃo]

平假名	ぢゃ	ぢゅ	ぢょ
片假名	ヂャ	ヂュ	ヂョ
罗马字	zya(ja)	zyu(ju)	zyo(jo)
国际音标	[dʒa]	[dʒɯ]	[dʒo]

平假名	にゃ	にゅ	にょ
片假名	ニャ	ニュ	ニョ
罗马字	nya	nyu	nyo
国际音标	[ɲa]	[ɲɯ]	[ɲo]

平假名	ひゃ	ひゅ	ひょ
片假名	ヒャ	ヒュ	ヒョ
罗马字	hya	hyu	hyo
国际音标	[ça]	[çɯ]	[ço]

平假名	びゃ	びゅ	びょ
片假名	ビャ	ビュ	ビョ
罗马字	bya	byu	byo
国际音标	[bʲa]	[bʲɯ]	[bʲo]

平假名	ぴゃ	ぴゅ	ぴょ
片假名	ピャ	ピュ	ピョ
罗马字	pya	pyu	pyo
国际音标	[pʲa]	[pʲɯ]	[pʲo]

平假名	みゃ	みゅ	みょ
片假名	ミャ	ミュ	ミョ
罗马字	mya	myu	myo
国际音标	[mʲa]	[mʲɯ]	[mʲo]

平假名	りゃ	りゅ	りょ
片假名	リャ	リュ	リョ
罗马字	rya	ryu	ryo
国际音标	[ɾʲa]	[ɾʲɯ]	[ɾʲo]

練習

| おちゃ⓪ [お茶] | 茶，茶叶 | ごひゃく⓪ [五百] | 五百 |
| はいりょ① [配慮] | 关怀，照顾 | きょか① [許可] | 许可，准许 |

ぴょこぴょこ①	一个劲儿地	りょくちゃ⓪ [緑茶]	绿茶
ジャズ①	爵士乐	かじゅ① [果樹]	果树
じょしゅ⓪ [助手]	助手	びじょ① [美女]	美女
しょしょ① [処暑]	处暑	しゅりょく⓪ [主力]	主力
りゃくず⓪ [略図]	略图	しゅじゅつ① [手術]	手术
じゃくし⓪ [弱視]	弱视	きょく① [局]	局，司
みゃくらく⓪ [脈絡]	脉络	りょひ⓪ [旅費]	旅费，路费

総合練習

一、朗读下列假名。

がぎぐ　ぎぐげ　ぐげご　ごげぐが　がぎぐげご
ガギグ　ギグゲ　グゲゴ　ゴゲグガ　ガギグゲゴ

ざじず　じずぜ　ずぜぞ　ぞぜずざ　ざじずぜぞ
ザジズ　ジズゼ　ズゼゾ　ゾゼズザ　ザジズゼゾ

だぢづ　ぢづで　づでど　どでぢだ　だぢづでど
ダヂヅ　ヂヅデ　ヅデド　ドデヂダ　ダヂヅデド

ばびぶ　びぶべ　ぶべぼ　ぼべぶば　ばびぶべぼ
バビブ　ビブベ　ブベボ　ボベブバ　バビブベボ

ぱぴぷ　ぴぷぺ　ぷぺぽ　ぽぺぴぱ　ぱぴぷぺぽ
パピプ　ピプペ　プペポ　ポペピパ　パピプペポ

きゃ——ぎゃ　　しゃ——じゃ　　ちゃ——ぢゃ
きゅ——ぎゅ　　しゅ——じゅ　　ちゅ——ぢゅ
きょ——ぎょ　　しょ——じょ　　ちょ——ぢょ

にゃ——ひゃ　　びゃ——ぴゃ　　みゃ——りゃ
にゅ——ひゅ　　びゅ——ぴゅ　　みゅ——りゅ
にょ——ひょ　　びょ——ぴょ　　みょ——りょ

🎧 二、用正确的语音语调大声朗读下列单词。

ゆらい⓪	ぎり②	せりふ⓪
きらく⓪	びわ①	わた②
よりみち⓪	らいげつ①	こわす②
かわる⓪	ずるい②	それで⓪
わりあい⓪	ばか①	まる⓪
じょれつ⓪	しゅみ①	しゃげき⓪
きょり①	ちゃしゃく⓪	じょじょに①

🎧 三、试读下列外来语。

キャベツ①	シャフト①	ラジオ①
キリスト⓪	ユダヤ①	ベルト⓪
ポプラ①	ライト①	ライバル①
ゴルフ①	ソリスト②	スライド⓪
ダブルス①	シャツ①	テレビ①
セクハラ⓪	ゼロ①	ビデオ①
コラム①	アルバイト③	

🎧 四、朗读下列假名，注意它们之间的不同。

すえ——ずえ　　　　　すり——ずり
けた——げた　　　　　えと——えど
いぶ——いふ　　　　　ながし——なかし

びょういん——びょういん　　　じゆう——じゅう
ひやく——ひゃく　　　　　　ぺらぺら——べらべら
くるくる——ぐるぐる　　　　ころころ——ごろごろ

五、听写。

みどり	わらじ	ゆとり	がくさい
みりょく	しゃこ	しゅやく	ちゃばしら
ちゃくしゅ	ちょくせつ	きょくりょく	ちゃしつ
ひしょ	じしょ	みゃくはく	びょうしつ

🎧 日常用語

1．はじめまして。　　　　　　　　　　初次见面。
2．どうぞよろしくおねがいします。　　请多关照。
3．いただきます。　　　　　　　　　　（就餐前用语）我吃了。
4．ごちそうさまでした。　　　　　　　（就餐后用语）吃饱了/谢谢款待。

コラム

日语声调的规则

　　日语中每一个假名，包括后面将要学习的拨音"ん"、促音"っ"在内，都占有一个同等长度的音拍（モーラ），而拗音是像"きゃ""しゃ"这样，两个假名合在一起为一拍。如："とら""きしゃ""かん"，都是两个音拍，而"くしゃみ""きって""かんじ"是三个音拍。每一个音节的长度，相对来讲都是相等的，没有哪一个音节比另一个长一些或者短一些。即使当两个元音并列出现时，第二个元音也不会改变，这一点不同于英语等语种。

日语的每个单词或词组，在发音方面具有社会习惯性的高低排列形式，这种高低排列形式叫做声调（アクセント）。声调有"划分词与词的界限"和"区分词义"的作用。要注意的是，日语的声调是高低声调，而英语则是强弱声调。常见的日语声调标记法是用⓪①②③④等数字来表示的数码式。具体规则如下：

⓪表示：第一个音节低，其余都高。例如："かぜ"（低高）

①表示：第一个音节高，其余都低。例如："かぞく"（高低）

②表示：第二个音节高，其余都低。例如："おかし"（低高低）

③表示：第二～第三音节高，其余都低。例如："ものがたり"（低高高低低）

④表示：第二～第四音节高，其余都低。例如："かいはつぶ"（低高高高低）

其余音调以此类推。

表1　アクセントの型

型の種類		拍数	1拍の語	2拍の語	3拍の語	4拍の語	5拍の語
平板式	平板型		ヒ(ガ) 日(が)	トリ(ガ) 鳥(が)	ワタシ(ガ) 私(が)	トモダチ(ガ) 友達(が)	アカンボー(ガ) 赤ん坊(が)
起伏式	尾高型			ハナ(ガ) 花(が)	オトコ(ガ) 男(が)	イモート(ガ) 妹(が)	アンナイショ(ガ) 案内書(が)
	中高型				オカシ(ガ) お菓子(が)	ヒラガナ(ガ) 平仮名(が)	ニホンジン(ガ) 日本人(が)
						ドヨービ(ガ) 土曜日(が)	バンゴハン(ガ) 晩ご飯(が)
							オジョーサン(ガ) お嬢さん(が)
	頭高型		ヒ(ガ) 火(が)	アメ(ガ) 雨(が)	ミドリ(ガ) 緑(が)	ネーサン(ガ) 姉さん(が)	ドチラサマ(ガ) どちら様(が)

现在还有一种用得比较多的声调标记法是"画线式"，比较直观，多用于专门练习语音的教材中。具体表现形式如下：

　　かぜ　　かぞく　　おかし　　ものがたり　　かいはつぶ

从以上规则可以看出：

（1）一个单词中只有一个高音部分，这个高音部分有时是一个音节，有时是几个连续的音节；

（2）一个词的前两个音节的音高永远是不一样的。

第 4 課

音声（4）

導入

拨音　促音　长音

拨音

平假名	ん
片假名	ン
罗马字	n
国际音标	[m][n]

发音要领：

　　拨音（撥音はつおん）是个特殊音节，发鼻音，只有一个，既不能单独使用，也不能用于词头，只能接在其他音之后，随后面假名不同而改变发音部位。所以，这个音并非永远发相同的音，根据其所处位置不同，可以发成以下几种不尽相同的音。具体如下：

　　a. 在 m、b、p 之前——发 [m]。

　　　　例如：がんばる　　しんぴ　　にんむ

b. 在 n、t、d 之前——发[n]。

　　例如：しんねん　　ぐんたい　　はんだん

c. 在 k、g 之前，以及词尾——发[ŋ]。

　　例如：てんき　　かんがえる

但是有一点是不变的，那就是发此音时，总要通过鼻腔，而且音节长度为一个整音拍。

練習

あんしん⓪ [安心]	安心，放心	かんたん⓪ [簡単]	简单，容易
しんじる③ [信じる]	相信，信任	ぎんこう⓪ [銀行]	银行
あんない③ [案内]	导游，引导	べんり① [便利]	方便，便利
はんぶん③⓪ [半分]	一半	リンパ①	淋巴
ロング①	长	えんぴつ⓪ [鉛筆]	铅笔
おんがく①[音楽]	音乐	けんか⓪ [喧嘩]	吵架
せんぱい⓪ [先輩]	学长	チャンネル⓪①	频道
トンネル⓪	隧道	しゃしん⓪ [写真]	照片
じゅんび①[準備]	准备	ズボン①②	裤子

促音

发音要领：

促音（促音 そくおん）是指以发后续音的口形堵住气流，形成一拍时间的顿挫，然后放开堵塞，使气流急冲而出形成的音。促音一般出现在"か""さ""た""ぱ"这四行假名之前，使用小字体的假名"っ（ッ）"来表示，横写时靠下，竖写时靠右。如果用罗马字母来表示的话，则是重复促音后面假名的辅音。例如："いっかい（ikkai）"。

練習

みっか⓪ [三日]	三号，三天	きって⓪ [切手]	邮票
ざっし⓪ [雑誌]	杂志	やっぱり③	仍然，照旧
しっかり③	牢固，可靠	まっすぐ③	笔直，一直
せっけん⓪ [石鹸]	肥皂	コップ⓪	玻璃杯
バッグ①	手提包	ちょっと①	稍微
さっぱり③	整洁，利落	じっさい⓪ [実際]	实际上
ノック①	敲（门）	ラケット②	球拍
チャック①	卡子，拉锁		

长音

发音要领：

假名发音延长约一倍的音叫长音（長音 ちょうおん）。其标示方法因段而异，具体如下：

あ段假名＋あ。例如：お**かあ**さん、お**ばあ**さん
い段假名＋い。例如：**ちい**さい、お**にい**さん
う段假名＋う。例如：**くう**き、**ゆう**こう
え段假名＋い，少数+え。例如：せん**せい**、**けい**ざい、おね**え**さん
お段假名＋う，少数+お。例如：お**とう**さん、き**のう**、**おお**きい

用片假名横写外来语时，用"ー"，竖写时用"｜"作为长音符号。把拗音中元音的发音延长一拍后的音叫拗长音（拗長音 ようちょうおん）。标记方法为：や拗音后＋あ；ゆ、よ拗音后＋う。外来语的标记方法与一般长音相同。

例如：シャープ、ちゅうごく、しょうせつ

練習

ああ①	啊，是	パーク①	公园
ちゅうしゃ⓪［駐車］	停车	シート①	座位
すうがく⓪［数学］	数学	プール①	游泳池
へいき⓪［平気］	无动于衷	ゲーム①	游戏
ろうじん⓪［老人］	老人	ノート①	笔记本
しゅっちょう⓪［出張］	出差	ヒューズ①	保险丝
スキー②	滑雪	ジュース①	果汁
ビール①	啤酒		

総合練習

一、用正确的语音语调大声朗读下列假名。

くうき①	きっさてん③	ほうちょう⓪
びんぼう①	だっしゅつ⓪	けしょう②
なんびと⓪	はっこう⓪	きょうじゅ⓪
びみょう⓪	きょうじゃく①	きょうみ①
とっきゅう⓪	へんしゅう⓪	ちっちゃい③
かんぺき⓪	みっしょ①	かんどう⓪
にんぎょう⓪	きょうげき⓪	あっさり③

二、写出下列平假名的片假名。

みょうじ→　　　　　みんな→

ちょっと→　　　　　びょうき→

ろうどう→　　　　　れんしゅう→

にゅうりょく→　　　ちゃんと→

りょうかい→　　　　げんき→
びじょ→　　　　　　ちゅうねん→
りゅうどう→　　　　すりっぱ→
らけっと→　　　　　びんぼう→
べんきょう→　　　　びじゅつ→
ちょきん→　　　　　うでどけい→

三、试读下列外来语。

スリッパ①②　　　レギュラー①　　　パール①
セメント⓪　　　　ランプ①　　　　　ユニーク②
レモン①　　　　　ベランダ⓪　　　　スローガン②
パーマ①　　　　　ミュージック①　　ブリッジ②
ホルモン①　　　　ジョーク①　　　　ガーデン①
ゼリー①　　　　　フルーツ②　　　　ビリヤード③
ブレーキ②　　　　バランス⓪　　　　ラーメン①
カーテン①　　　　レッスン①　　　　ソファー①

四、朗读下列单词，注意它们之间的不同。

いけ②——いけん⓪　　　　とし①——としん⓪
はか②——はかん⓪　　　　しじ①——しじん⓪
じゅし①——じゅしん⓪　　すいか⓪——すいかん⓪
りゅうこ①——りゅうこう⓪　はと①——ハート①
しょき①——しょうき①　　きょうほ①——きょうほう⓪
すし②——すうし⓪　　　　おしょく⓪——おうしょく⓪
はく⓪——はっく①　　　　はこ⓪——はっこう⓪
きと①——きっと⓪　　　　みかん①——みっか⓪
やど①——やっと⓪　　　　いき①——いっき①
かんし⓪——かんしん⓪　　にほん②——にっぽん③

五、听写。

おばあさん　　　　とけい　　　　いっぽう　　　　ばあい

かっさい　　　　　しんぴ　　　　けんぽう　　　　きんべん

べんきょう　　　　えんぴつ　　　ちょうじょう　　あかちゃん

コンピューター　　ヒューズ　　　ミュージカル　　ヒーロー

六、读出下列日常用语。

1．ごめんください。/对不起，家里有人吗？
2．いろいろお世話になりました。/承蒙您多方关照。
3．お疲れ様でした。/您辛苦了。
4．がんばってください。/加油哦。
5．おめでとうございます。/恭喜恭喜。
6．大丈夫です。/没关系。
7．お大事に。/请多保重。

七、朗读下列句子。

1．わたしは大学生です。/我是大学生。
2．今日は金曜日です。/今天是星期五。
3．これはわたしのデジカメです。/这是我的数码相机。
4．ここの景色はとてもすばらしいです。/这里的风景很美丽。
5．李さんはコーヒーが大好きです。/小李特别喜欢喝咖啡。
6．この学校には売店がありますか。/这个学校里面有商店吗？
7．李さんは教室にいますか。/小李在教室吗？
8．どこへ行きますか。/你去哪儿？
9．雨が降っていますね。/下雨了。
10．日本に行ったことがありますか。/你去过日本吗？

八、试读下列绕口令。

1．隣の客はよく柿食う客だ
2．高崎の北に北高崎
3．司書と秘書の試験
4．竹屋の竹壁竹立てかけた
5．作者の脚色　役者の約束
6．東京特許許可局
7．青巻紙赤巻紙黄巻紙
8．長持ちの上生麦七粒

日常用語

1．さようなら。　　　　　　　　再见。
2．すみません。　　　　　　　　对不起。
3．どうもありがとうございます。　谢谢！
4．おひさしぶりです。　　　　　好久不见！

日语中的汉字

　　日本的文字分为假名和汉字两种，其中汉字是隋唐时期由我国传入的，并在日语中被大量使用。

　　日本政府在2010年11月30日公布的"常用汉字表"中的常用汉字数为2136个。

　　汉字传入日本后，在字形字义方面出现了很多变化，因此现代日语中的汉字与我国现行的汉字有的相同，有的不同，大致有如下几种情况：

1.字形相同，字义也相同，如："月""手""学生""家"等
2.字形相同，字义不同，如："娘（女儿）""本（书）""机（桌子）""丈夫（结实）"等
3.日语用繁体字，而我国已简化，如："傘（伞）""劇場（剧场）""複雑（复杂）"等
4.日本民族独创的汉字，数量不多，一般称为"国字（こくじ）"，如："峠（とうげ）""辻（つじ）""畑（はたけ）"等

在读音方面，日语汉字一般有音读和训读两种读法。
模仿中国汉字读音的叫"音读（音読_{おんどく}）"。
如："学生（がくせい）""家族（かぞく）""有名（ゆうめい）""図書館（としょかん）"等；
把汉字作为表记符号，根据字义按日语固有读法的读音叫"训读（訓読_{くんどく}）"。
如："風（かぜ）""時（とき）""机（つくえ）""娘（むすめ）"等。

还有一点儿需要注意的是，由于传入的汉字是来自中国不同地域，并且经过了漫长的历史，其意思和发音也有很大差别，所以日语中同一个汉字，往往会有两个或两个以上的音读和训读。
例如日语汉字"行"的发音：
音读：
a.こう　　旅行（りょこう）　　飛行（ひこう）
　　　　　銀行（ぎんこう）
b.ぎょう　行列（ぎょうれつ）　三行（さんぎょう）
　　　　　行事（ぎょうじ）
c.あん　　行火（あんか）　　　行宮（あんぐう）
　　　　　行脚（あんぎゃ）
训读：
a.行く（いく）　行く（ゆく）
b.行う（おこなう）

还有少量复合词，其发音是由音读和训读结合而成，有的是前一个汉字用音读，后一个则用训读，日语称"重箱読み（じゅうばこよ）"。如："毎朝（まいあさ）""番組（ばんぐみ）"；有的是前一个用训读，后一个用音读，日语称"湯桶読み（ゆとうよ）"。如："荷物（にもつ）""手本（てほん）"等。

第 5 課

どうぞ，よろしくお願いします

導入

1. 你会用日语做自我介绍吗？
2. 你会用日语介绍他人吗？
3. 你会用日语介绍家人以及他们的工作吗？

本文

会話Ⅰ　初めまして，馬です

上午9点，小马第一次来上课，老师把她介绍给其他同学。

先生　：皆(みな)さん，おはようございます。

学生　：おはようございます。

先生　：こちらは馬(ま)さんです。中国(ちゅうごく)の方(かた)です。

馬　　：初(はじ)めまして，馬(ま)です。どうぞ，よろしくお願(ねが)いします。

トム　　：トムです。アメリカ人です。どうぞ，よろしく。
　　　　　馬さんの出身はどこですか。

馬　　　：北京です。

マリー：マリーです。インド人です。
　　　　　わたしの趣味はカラオケです。馬さんの趣味は何ですか。

馬　　　：わたしもカラオケです。

トム　　：（想请小马入座）あ，先生，馬さんの席はどこですか。

先生　　：そこです。

新しい言葉 I

1.	ほんぶん① ［本文］	〈名〉	正文，课文
2.	かいわ⓪ ［会話］	〈名〉	会话
3.	ま① ［馬］	〈名〉	（姓）马
4.	せんせい③ ［先生］	〈名〉	老师，先生
5.	みなさん② ［皆さん］	〈代〉	大家，各位
6.	がくせい⓪ ［学生］	〈名〉	学生
7.	こちら⓪	〈代〉	这位；这边
8.	～さん	〈后缀〉	（略表尊敬）小～，老～，～先生，～女士
9.	ちゅうごく① ［中国］	〈名〉	中国
10.	かた② ［方］	〈名〉	（敬语）位，人
11.	トム① ［Tom］	〈名〉	（人名）汤姆
12.	アメリカじん④ ［America人］	〈名〉	美国人
13.	しゅっしん⓪ ［出身］	〈名〉	出生地；籍贯
14.	どこ①	〈代〉	哪里，何处

15.	ペキン① ［北京］	〈名〉	北京
16.	マリー① ［Mary］	〈名〉	（人名）玛丽
17.	インドじん③ ［India 人］	〈名〉	印度人
18.	わたし⓪ ［私］	〈代〉	我
19.	しゅみ① ［趣味］	〈名〉	兴趣，爱好
20.	カラオケ⓪	〈名〉	卡拉OK
21.	なん① ［何］	〈代〉	什么
22.	あ①	〈感〉	（吃惊或突然想起什么）呀，哎呀
23.	せき① ［席］	〈名〉	座位，座席
24.	そこ⓪	〈代〉	那里，那边

会話Ⅱ　これは木村さんの家族の写真ですか

小马与木村在宿舍闲聊。她看到一张照片。

馬　：これは木村さんの家族の写真ですか。

木村：はい，そうです。

馬　：木村さんは4人家族ですか。

木村：はい，4人家族です。馬さんは。

馬　：わたしは3人家族です。父，母とわたしです。
　　　父は医者です。母は高校の教師です。

木村：そうですか。僕の父は会社員です。母は主婦です。

馬　：こちらは妹さんですか。

木村：はい。

馬　：妹さんも大学生ですか。

木村：いいえ，大学生ではありません。高校2年生です。

馬　：そうですか。じゃあ，この犬は。

木村：ああ，僕の高校時代の恋人でした。

新しい言葉 II

25.	これ⓪	〈代〉	这，这个
26.	きむら⓪ [木村]	〈名〉	（姓）木村
27.	かぞく① [家族]	〈名〉	家属，家人
28.	しゃしん⓪ [写真]	〈名〉	照片，相片
29.	はい①	〈感〉	（用于肯定回答）是，是的
30.	そう①	〈副〉	那样，那么
31.	よにんかぞく④ [4人家族]	〈名〉	四口之家
32.	さんにんかぞく⑤ [3人家族]	〈名〉	三口之家

33、	ちち②① ［父］	〈名〉	（我）爸爸，家父
34、	はは① ［母］	〈名〉	（我）妈妈，家母
35、	いしゃ⓪ ［医者］	〈名〉	大夫，医生
36、	こうこう⓪ ［高校］	〈名〉	高中
37、	きょうし① ［教師］	〈名〉	教师
38、	ぼく①⓪ ［僕］	〈代〉	（男子在同辈或晚辈前的自称）我
39、	かいしゃいん③ ［会社員］	〈名〉	公司职员
40、	しゅふ① ［主婦］	〈名〉	主妇，家庭妇女
41、	いもうと④ ［妹］	〈名〉	妹妹，自己的妹妹
42、	だいがくせい③④ ［大学生］	〈名〉	大学生
43、	いいえ③	〈感〉	（用于否定回答）不，不是
44、	にねんせい② ［2年生］	〈名〉	二年级的学生
45、	じゃあ①	〈接〉	那么
46、	この⓪	〈连体〉	这，这个
47、	いぬ② ［犬］	〈名〉	狗
48、	ああ①	〈感〉	啊，呀
49、	じだい⓪ ［時代］	〈名〉	时代，时期
50、	こいびと⓪ ［恋人］	〈名〉	恋人，（恋爱）对象

説明

一、コミュニケーション表現

1．どうぞ，よろしくお願いします。

寒暄语。意为"请多多关照"。用于自我介绍、介绍他人结束时。也用于请求年长者、社会地位较高者或需表示敬意的同辈帮助时。对相互熟悉的同辈或晚辈多用"どうぞ，よろしく"或"よろしく"。

2．おはようございます。

寒暄语。意为"早上好"，早上起床后第一次见面时用。既可以用于家人，也可以用于其他长辈、同辈及同辈以下的人。"おはようございます"是郑重的说法，简慢说法为"おはよう"。有时在一些工作性质比较特殊的地方，比如：出版界、演艺界等，不分时间，第一次见面时也用"おはようございます"来相互打招呼。

3．こちらは馬さんです。

意为"这位是小马"。"こちら"是指示代词，可以指方位，也可以指人。用来指人时是介绍他人比较郑重的说法。

4．はじめまして，馬です。

寒暄语。意为"初次见面，我是小马"。"はじめまして"意为"初次见面"，用于与他人初次见面时，暗含"今后请多多关照"之意；"馬です"意为"我姓马"或"我是小马"，其前面的主语"わたしは"被省略了。

5．そうですか。

意为"是吗（是嘛）"。表示对对方谈话内容的理解或随声附和，读降调。

二、文法

1. 判断句

在日语中，谓语是句子的核心成分，一般出现在句尾。根据谓语所用的词类，一般把日语句子分为判断句（名词谓语句）、描写句（形容词谓语句）、存在句（存在动词谓语句）、叙述句（动词谓语句）等。本课首先学习判断句。

它的形式为：

体言 は 体言 です

本课我们只学习以"です"做句尾的判断句敬体表达方式。

体言在日语中是名词、代词、形式名词、数量词的统称，体言没有词尾活用变化，在句子里可以做主语、宾语等。

"体言は"表示的是主题，表明谈论的话题或叙述的对象；后面的"体言です"做谓语，表示对主题做出的判断。一般译为"～是～"。（详见"文型"）

2. 提示助词

（1）は①

"は"接在体言后面，表示对主题、话题的提示或强调，所以也称凸显助词。读做"わ"。例如：

馬さん**は**大学生です。

父**は**会社員です。

妹**は**高校2年生です。

（2）も①

"も"接在体言后面，与"は"一样，起凸显的作用，表示对主题、话题的提示或强调，用于对前者同类事物的重复。一般译为"也"。例如：

わたしは大学生です。木村さん**も**大学生です。

父は医者です。母**も**医者です。

マリーさんの趣味はカラオケです。わたしの趣味**も**カラオケです。

3. 格助词　の①

"の"接在体言后面，在句中做连体修饰语（定语），表示领属关系、属性等。一般译为"的"。例如：

僕**の**父は医者です。
母は高校**の**教師です。
これは木村さん**の**家族**の**写真ですか。

4. 并列助词　と

"と"用于连接两个以上的体言，表示并列。一般译为"和"。例如：
わたしは3人家族です。父，母**と**わたしです。
木村さん**と**トムさんは大学生です。
トムさん**と**馬さんは会社員ではありません。

5. 终助词　か

"か"接在句尾后面，构成疑问句式，一般译为"～吗？"。按照日本人的习惯，在疑问句中"か"的后面一般不用问号，而是用句号表示结句。现在为了便于表示语气，也开始使用问号。（详见"文型"）

6. 判断助动词　です

"です"接体言做判断句的谓语，表示肯定。一般译为"是～"。根据"です"的词尾活用变化，可以构成判断句的否定形式和过去式等。（详见"文型"）

7. 感叹词

（1）はい

"はい"用于回答不带疑问词的疑问句。后面常接"そうです"，或其他表示肯定的词语，表示肯定或认同。例如：

馬さんは大学生ですか。
——**はい**，そうです。
妹さんも大学生ですか。
——**はい**，妹も大学生です。

（2）いいえ

"いいえ" 用于回答不带疑问词的疑问句。后面常接"そうではありません" 或其他表示否定的词语，表示否定或不认同。例如：

木村さんの趣味もカラオケですか。

——**いいえ**，そうではありません。

こちらは妹さんですか。

——**いいえ**，恋人です。

8．后缀　さん

"さん"接在听话人、他人姓名或表示称呼的名词后面，略表敬意，一般译为"小～""老～""～先生"等。但说话人不能用来称呼自己或家人。例如：

木村**さん**　　馬**さん**　　トム**さん**　　妹**さん**

9．こそあど系列词汇①　これ　それ　あれ　どれ

根据词头、词的意义和用法，我们将日语中一些相关的词归纳成几组，并将它们统称为"こそあど系列词汇"。"こそあど系列词汇"根据谈话人双方与所指事物之间的距离，分为近称、中称、远称和疑问称。

本课学习"これ　それ　あれ　どれ"。它们是指示代词，属于体言，用来指代事物。

近称	中称	远称	疑问称
これ	それ	あれ	どれ
这，这个	那，那个	那，那个	哪，哪个

谈话人指与自己距离近的事物时，用近称；谈话人指与自己距离远而离谈话对方距离近时，用中称；谈话人双方都距离所指事物远时，用远称；表示疑问或不定时，用疑问称。例如：

これは，母の写真ではありません。

それも木村さんの家族の写真ですか。

あれは何ですか。

妹さんの写真は**どれ**ですか。

10. 家庭成员的称谓

在日本，由于场合和对象不同，对家庭成员的称呼也不同。见下表：

	父亲	母亲	哥哥	姐姐	弟弟	妹妹
称呼他人家庭成员	お父_{とう}さん	お母_{かあ}さん	お兄_{にい}さん	お姉_{ねえ}さん	弟_{おとうと}さん	妹_{いもうと}さん
直呼自己家庭成员	お父_{とう}さん	お母_{かあ}さん	（お）兄_{にい}さん	（お）姉_{ねえ}さん	直呼其名	直呼其名
谈论自己家庭成员	父_{ちち}	母_{はは}	兄_{あに}	姉_{あね}	弟_{おとうと}	妹_{いもうと}

三、文型

1. ～は～です

| 体言 | は | 体言 | です |

这是判断句的敬体非过去时肯定句式，也是判断句的基本句型。一般译为"～是～"。例如：

こちら**は**馬さん**です**。

トムさん**は**大学生**です**。

母**は**主婦**です**。

在日语里，如果谈话双方可以意会或不言而喻时，句子成分经常被省略。本课就有几处省略了主语。例如：

初めまして，（わたしは）**馬です**。

（わたしは）**トムです**。（わたしは）**アメリカ人です**。

2. ～は～ではありません

| 体言 | は | 体言 | ではありません |

这是判断句的敬体非过去时否定句式，句尾"ではありません"是判断助动词"です"的否定形式。一般译为"～不是～"。例如：

ここ**は**馬さんの席**ではありません**。

トムさん**は**医者**ではありません**。

妹**は**大学生**ではありません**。

3．～は～でした

| 体言 | は | 体言 | でした |

这是判断句敬体过去肯定句式，句尾"でした"是判断助动词"です"的过去肯定形式。一般译为"曾经是～""过去是～"。例如：

木村さん**は**医者**でした**。

母**は**会社員**でした**。

この犬**は**僕の高校時代の恋人**でした**。

4．～は～ではありませんでした

| 体言 | は | 体言 | ではありませんでした |

这是判断句敬体过去否定句式，句尾"ではありませんでした"是判断助动词"です"的过去否定形式。一般译为"过去（原来）不是～""不曾是～"。例如：

父**は**教師**ではありませんでした**。

トムさん**は**医者**ではありませんでした**。

木村さん**は**会社員**ではありませんでした**。

5．～は～ですか

| 体言 | は | 体言 | ですか |

这是判断句敬体疑问句式。一般译为"～是～吗？"。根据判断助动词"です"的变化，它可以组成不同时态的疑问句。疑问句的回答方式详见"文法"中对感叹词"はい""いいえ"的说明。例如：

馬さんの趣味**は**何ですか。

トムさん**は**会社員**でしたか**。

木村さん**は**教師**ではありませんか**。

マリーさんのお父さん**は**医者**ではありませんでしたか**。

四、解釈

わたしもカラオケです。

日语口语中经常省略某些句子成分。"わたしもカラオケです"的完整说法应该是"わたしの趣味もカラオケです"。谈话中把"の趣味"省略了。这句话可以译为"我的爱好也是卡拉OK"。

一、用正确的语音语调大声朗读下列句子。

1．こちらは馬さんです。
2．初めまして，馬です。どうぞ，よろしくお願いします。
3．マリーです。インド人です。わたしの趣味はカラオケです。
4．これは木村さんの家族の写真ですか。
5．わたしは3人家族です。父，母とわたしです。

二、在下列日文汉字上标注假名。

妹　　父　　母　　家族　　写真

先生　　中国　　医者　　会社員　　大学生

三、在下列画线的假名下写出日文汉字。

しゅみ　　せき　　ぼく　　こうこう

きょうし　　しゅふ　　いぬ　　じだい

こいびと　　　いもうと

四、根据图示，将指示代词"これ"、"それ"、"あれ"、"どれ"填写在下面的横线上。

例：A：これは馬さんの家族の写真ですか。
　　B：はい，そうです。それはわたしの家族の写真です。

1．A：それは何ですか。
　　B：_____は新聞です。中国の新聞です。

2．A：これは木村さんの本ですか。
　　B：いいえ，_____は先生の本です。

3．A：あれは何ですか。

　　B：_____はカメラです。トムさんのカメラです。

4．A：この本のＣＤは_____ですか。

　　B：それです。

五、仿照例句，替换下列画线部分。

　　例：A：<u>木村さん</u>ですか。

　　　　B：はい，そうです。

　　　　A：<u>木村さん</u>も<u>大学生</u>ですか。

　　　　B：いいえ，<u>大学生</u>ではありません。<u>高校2年生</u>です。

　1．鈴木さん・会社員・主婦

　2．井上さん・高校の先生・会社員

　3．マリーさん・アメリカ人・インド人

六、填空。

　1．これ（　）何です（　）。

　　　——それ（　）本です。

　　　a．が　か　も　　b．は　か　は　　c．は　か　も

2．父（　）会社員です。母（　）会社員です。
   a．は　の　　　　b．の　も　　　　c．は　も
3．マリーさん（　）インド人です。トムさん（　）インド人ですか。
   ——いいえ，トムさんはインド人ではありません。
   a．は　も　　　　b．も　は　　　　c．は　は
4．これはわたし（　）席です（　）。
   ——いいえ，馬さん（　）席です。
   a．の　の　の　　b．か　の　か　　c．の　か　の
5．中国（　）地図（　）これ（　）。
   a．の　は　です　b．は　も　です　c．は　の　です
6．馬さん（　）木村さん（　）わたしのクラスメートです。
   a．は　は　　　　b．と　と　　　　c．と　は

七、根据课文回答下列问题。

1．馬さんは中国の方ですか。
2．馬さんの趣味は何ですか。
3．馬さんは3人家族ですか。
4．木村さんも3人家族ですか。
5．木村さんの妹さんも大学生ですか。

八、分小组，根据图示介绍自己的家庭成员及其他们的工作。

九、仿照范文，写一篇自我介绍的短文。

例：わたしは馬です。 中国人です。大学生です。趣味はカラオケです。どうぞ，よろしくお願いします。

_____

_____

_____ 。

十、听录音，把录音里的内容填写在横线上。

これは僕の_____です。これは父です。_____です。

これは_____です。母は主婦です。_____です。

_____僕です。_____です。_____は僕の恋人です。

十一、看图，按角色练习会话。

小马把日本朋友木村引见给同班同学汤姆和玛丽。

馬　　：こちらは木村さんです。日本の方です。
木村　：木村です。初めまして，どうぞ，よろしく。
トム　：初めまして，トムです。馬さんの友達です。
マリー：わたしはマリーです。馬さんのクラスメートです。どうぞ，よろしくお願いします。

補足単語

おとうさん② [お父さん]	〈名〉	您父亲；爸爸
おかあさん② [お母さん]	〈名〉	您母亲；妈妈
おにいさん② [お兄さん]	〈名〉	您哥哥；哥哥
おねえさん② [お姉さん]	〈名〉	您姐姐；姐姐
おとうとさん⓪ [弟さん]	〈名〉	您弟弟
あに① [兄]	〈名〉	（我的）哥哥
あね⓪ [姉]	〈名〉	（我的）姐姐
おとうと⓪ [弟]	〈名〉	（我的）弟弟
しんぶん⓪ [新聞]	〈名〉	报纸
ほん① [本]	〈名〉	书
カメラ① [camera]	〈名〉	照相机
ＣＤ（シーディー）③	〈名〉	光盘
すずき⓪ [鈴木]	〈名〉	（姓）铃木
いのうえ⓪ [井上]	〈名〉	（姓）井上
ちず① [地図]	〈名〉	地图
ちゅうごくじん④ [中国人]	〈名〉	中国人
クラスメート④ [classmate]	〈名〉	同班同学

本课中出现的专有名词的入声均读为0。

寒暄与礼节

重视寒暄（あいさつ）与礼节（礼儀）是日本文化的特征之一。寒暄与礼节不仅是日本人非常重要的交际手段，同时还被视为事业成败的关键。根据日本某公司的调查结果，日本多数人认为：①在工作单位需要寒暄与礼节；②新职员的未来发展与能否得体地寒暄紧密相关；③不善于寒暄的人在工作单位不易受到重用。

适度鞠躬、适时运用社交语言是日本人寒暄与礼节的重要组成部分。就鞠躬而言，一招一式都非常有讲究：根据场合、对象的不同，弯腰的角度从轻微点头到90度不等；男性鞠躬时，两手自然下垂放在衣裤两侧；女性多以一只手搭在另一只手上，置于体前行礼。在寒暄语方面，他们频繁使用"よろしくお願いします"（请多关照）、"ありがとうございました"（谢谢）、"まことにもうしわけございません"（真是对不起）等等客套话。

自古以来，寒暄与礼节被视作一个人应该懂得的最起码的礼数。因此，这项教育受到家庭、学校、社会及工作单位的高度重视。如果在商店打工，首先接受的训练一定是如何寒暄和鞠躬。

日本人强调"形（かたち）"是"心（こころ）"的表现。他们提倡通过行动和语言向对方传递真诚、友爱或对他人的尊重、关心和体谅。

你知道日本人交换名片应遵守的规则吗？（答案请在本课找）

第 6 課

北京も秋はいい季節ですよ

導入

1. 你知道哪些形容天气的日语单词？
2. 你会用日语表达今天的天气吗？
3. 日语难吗？你觉得难在何处？

本文

会話Ⅰ　いいお天気ですね

课间，日语班的同学们看着窗外聊天。

馬　：いいお天気ですね。

トム：そうですね。空が青くて高いですね。
　　　北京の秋はどうですか。

馬　：北京も秋はいい季節ですよ。
　　　涼しくて，気持ちがいいです。

トム：そうですか。それはいいですね。夏はどうですか。

馬　：暑いですが，東京ほど蒸し暑くないです。

トム：冬は寒いですか。

馬　：東京より寒いです。風が冷たくて強いです。
　　　でも，去年は暖冬でした。

新しい言葉 I

1.	あき①［秋］	〈名〉	秋天，秋季
2.	いい①	〈形1〉	好，良好
3.	きせつ②①［季節］	〈名〉	季节
4.	お［御］	〈前缀〉	表示郑重、尊敬、亲切等
5.	てんき①［天気］	〈名〉	天气，气候
6.	そら①［空］	〈名〉	天，天空
7.	あおい②［青い］	〈形1〉	蓝，青，绿
8.	たかい②［高い］	〈形1〉	高；贵
9.	どう①	〈副〉	怎么，怎样，如何
10.	すずしい③［涼しい］	〈形1〉	凉快，凉爽
11.	きもち⓪［気持ち］	〈名〉	心情，情绪
	気持ちがいい	〈词组〉	心情好
12.	それ⓪	〈代〉	那，那个

13.	なつ② [夏]	〈名〉	夏天，夏季
14.	あつい② [暑い]	〈形1〉	（天气）热
15.	とうきょう⓪ [東京]	〈名〉	（地名）东京
16.	むしあつい④ [蒸し暑い]	〈形1〉	闷热
17.	ふゆ② [冬]	〈名〉	冬天，冬季
18.	さむい② [寒い]	〈形1〉	冷，寒冷
19.	かぜ⓪ [風]	〈名〉	风
20.	つめたい⓪ [冷たい]	〈形1〉	冷，凉
21.	つよい②⓪ [強い]	〈形1〉	强，强烈
22.	でも①	〈接〉	不过，可是
23.	きょねん① [去年]	〈名〉	去年
24.	だんとう⓪ [暖冬]	〈名〉	暖冬，暖和的冬天

会話Ⅱ　昨日は暑かったですが，今日は涼しいですね

小马和佐藤打完乒乓球一起回宿舍。

馬　　：ああ，いい気分です。

佐藤：わたしも。秋はスポーツの季節ですね。

馬　　：そうですね。昨日は暑かったですが，今日は涼しいですね。

佐藤：馬さん，これから，どうしますか。

馬　　：勉強です。明日の1限目は日本語のテストですから。

佐藤：そうですか。日本語は難しいですか。

馬　　：発音はあまり難しくないですが，助詞の使い方は難しいです。

佐藤：そうですか。

馬　　：でも，おもしろいですよ。
　　　　秋は勉強の季節です。がんばります。

佐藤：馬さんはえらい。わたしもがんばります。

新しい言葉Ⅱ

25. きのう② ［昨日］　　　　〈名〉　　　昨天
26. きょう① ［今日］　　　　〈名〉　　　今日，今天
27. きぶん① ［気分］　　　　〈名〉　　　情绪，心情
28. さとう① ［佐藤］　　　　〈名〉　　　（姓）佐藤
29. スポーツ② ［sports］　　〈名〉　　　体育，运动
30. これから⓪　　　　　　　〈副〉　　　今后，从现在起
31. します⓪　　　　　　　　〈他动〉　　（"する"的敬体）做，干
32. べんきょう⓪ ［勉強］　　〈名・他动3〉学习，用功
33. あした③ ［明日］　　　　〈名〉　　　明天
34. いちげんめ⓪② ［1限目］〈名〉　　　第一节课
35. にほんご⓪ ［日本語］　　〈名〉　　　日语，日文
36. テスト① ［test］　　　　〈名〉　　　考试，测验

37.	むずかしい④⓪ ［難しい］	〈形1〉	难，费解
38.	はつおん⓪ ［発音］	〈名〉	发音
39.	あまり⓪	〈副〉	（后接否定）不太，不很
40.	じょし⓪ ［助詞］	〈名〉	助词
41.	つかいかた⓪ ［使い方］	〈名〉	用法，使用方法
42.	おもしろい④	〈形1〉	有趣，有意思
43.	がんばります⑤ ［頑張ります］	〈自動〉	（"がんばる"的敬体）努力
44.	えらい② ［偉い］	〈形1〉	了不起

説明

一、コミュニケーション表現

1. いいお天気ですね。
　——そうですね。

　　日本四面环海，日常生活受到天气很大影响。为此，日本人非常关注天气的变化，谈论天气也已经成为人们见面时的寒暄形式。"いいお天気ですね"的意思是"今天天气不错呀！""今天是好天啊！"。"そうですね"用来表示对对方的应答，以示同感或共鸣。意思是"是啊！"。

2. 北京の秋はどうですか。

　　意为"北京的秋天怎么样？"。句中的"〜はどうですか"用来打听人或事物的状况，意为"〜怎么样？""〜如何？"。例如：
　　A：日本語の勉強はどうですか。
　　B：おもしろいですよ。

3. 馬さんはえらい。

意为"小马真了不起！"。以简体结句，显得简洁，属于脱口而出，表示感叹。只能用于同辈或晚辈人。

4. それはいいですね。

意为"那敢情好呀！"。用于应答，对对方所说的话表示感叹。例如：

A：北京の夏はどうですか。
B：暑いですが，東京ほど蒸し暑くないです。
A：それはいいですね。

二、文法

1. 描写句①

用形容词做谓语的句子叫描写句（也称形容词谓语句），它用来描述人或事物的性质、特征和状态等。描写句有以下两种形式：

| 体言 | は | 形容词1 词典形 | です |
| 体言 | は | 形容词2 词典形 | です |

本课学习"体言は形容词1词典形です"的形式。

2. 形容词1

形容词用来说明人或事物的性质、状态和特征等。根据词尾活用变化的不同，形容词可分为两种类型：形容词1（也称1类形容词或"イ形容词"），传统称"形容词"；形容词2（也称2类形容词或"ナ形容词"），传统称"形容动词"。

在日语语法里，把形容词和动词统称为"用言"。用言有词尾活用变化，在句子中可以做连体修饰语、连用修饰语和谓语。

我们首先学习形容词1的词尾活用变化和用法。

（1）词典形

词典形（也称基本形或原形），由词干和词尾组成。它的明显特征是以"い"做词尾，各种活用变化都在"い"上进行；"い"前面的部分为词干，词干不发生活用变化。例如：

词典形	词干	词尾
寒い	寒	い
涼しい	涼し	い
冷たい	冷た	い

（2）连体形

连体形在形态上与词典形完全相同，它用来修饰体言，在句中做连体修饰语（定语）。例如：

北京も秋は**いい**季節です。

これは**難しい**使い方です。

これは**おもしろい**発音です。

（3）连用形

连用形是由词典形变化而来的。它可以分为第一连用形（也称"く形"）和第二连用形（也称"て形"）两种形式：

第一连用形：

将词尾的"い"换成"く"，后续"ないです"或"ありません"表示否定。例如：

暑い→暑く→暑**く**ないです／ありません

涼しい→涼しく→涼し**く**ないです／ありません

冷たい→冷たく→冷た**く**ないです／ありません

第二连用形：

将词典形的词尾"い"换成"く"，后续"て"。在句中表示并列、轻微的原因等。一般译为"而""因为～所以～"等。例如：

空が青く**て**高いですね。（并列）

秋は涼しく**て**，気持ちが いいです。（原因）

（4）终止形①

终止形是用言、助动词活用形式之一，在形态上与词典形完全相同，用来在句中做谓语并结句。敬体形式是由它变化而来的，这里讲授的是它的"简体、敬体非过去时的肯定形式和否定形式""简体、敬体过去时的肯定形式和否定形式"。

简体、敬体非过去时的肯定形式和否定形式：

简体非过去时肯定形式即是它的词典形，其否定形式是由"第一连用形+ない"构成；敬体非过去时的肯定形式（也称敬体）是由"词典形+です"构成，其否定形式是由"第一连用形+ないです／ありません"构成。见下表：

词典形	简体非过去时肯定和否定形式	敬体非过去时肯定和否定形式
寒い	肯定：寒い 否定：寒くない	肯定：寒いです 否定：寒くないです／ 　　　寒くありません
涼しい	肯定：涼しい 否定：涼しくない	肯定：涼しいです 否定：涼しくないです／ 　　　涼しくありません

敬体非过去时否定形式现在一般多用"第一连用形+ないです"的形式。

简体、敬体过去时的肯定形式和否定形式：

简体过去时肯定形式是"形容词1词干+かった"，其敬体形式是"形容词1词干+かったです"。简体过去时的否定形式是"形容词1词干+く＋なかった"；其敬体形式是"形容词1词干+く＋なかったです"或"形容词1词干+く＋ありませんでした"。见下表：

词典形	简体过去时肯定和否定形式	敬体过去时肯定和否定形式
寒い	肯定：寒かった 否定：寒くなかった	肯定：寒かったです 否定：寒くなかったです／ 　　　寒くありませんでした
涼しい	肯定：涼しかった 否定：涼しくなかった	肯定：涼しかったです 否定：涼しくなかったです／ 　　　涼しくありませんでした

形容词"いい"比较特殊，它在发生词尾变化或接续"ない"时要变成"よくないです／よくありません、よかったです、よくなかったです／よくありませんでした"。

3. 补助形容词　ない

"ない"接在形容词1第一连用形后面,表示对其性质、状态、变化等的否定。它有活用变化,其变化规律大致与形容词1相同。在句中,即可以做连体修饰语,也可以做简体结句。见下表:

	简体	敬体	例句
非过去形式	ない	ないです ありません	ここは東京ほど暑く**ない**（暑く**ないです／**暑く**ありません**）。
过去形式	なかった	なかったです ありませんでした	昨日は涼しく**なかった**（涼しく**なかったです／**涼しく**ありませんでした**）。

4. 终助词

（1）ね

"ね"用于句尾,说话人用来表示感叹,或向听话人确认自己所说的内容及征得听话人的赞同。一般可以译为"呀""啊""吧"等。例如:

いいお天気です**ね**。

空が青くて高いです**ね**。

今日は涼しいです**ね**。

（2）よ

"よ"用于句尾,说话人用于加强语气,促使听话人了解或接受自己的意见。一般译为"呀""吆""啊"等。例如:

北京も秋はいい季節です**よ**。

助詞の使い方はおもしろいです**よ**。

秋は涼しくて、気持ちがいいです**よ**。

5. 接续助词　が①

　　"が"接在前一个句子末尾，用于连接前后两个句子，表示两者之间的转折关系。一般译为"而""可是""不过"等。例如：

　　寒いです**が**，北京ほど寒くありません。
　　助詞の使い方は難しいです**が**，発音は難しくないです。
　　去年は暖冬でした**が**，今年は寒いですね。

6. 格助词

（1）より

　　"より"接在体言后面，表示比较的对象或基准，在句中做补语。一般译为"比～""与～相比"。例如：

　　馬さんは佐藤さん**より**高いです。
　　中国語の発音は日本語**より**難しいです。
　　今日の勉強は昨日**より**おもしろいです。

（2）が①

　　"が"接在体言后面，在句子中做主语。例如：
　　秋は涼しくて，気持ち**が**いいですね。
　　風**が**冷たいです。
　　この方**が**中村先生です。

7. 副助词　ほど

　　"ほど"接在体言后面，表示比较的基准等，与否定形式搭配使用。一般译为"不像～那样"。（详见"文型"）

8. 接续词　でも

　　接续词相当于汉语的连词，是没有活用变化的独立词，用于连接两个以上的词、句子等，表示前后两个句子的接续关系。有时也直接用于句首。

　　"でも"表示转折，多用于口语。一般译为"不过""可是""但是"等。例如：

　　北京の夏も暑いです。**でも**，東京ほど蒸し暑くありません。
　　北京の冬は寒いです。**でも**，去年は暖冬でした。

9. 时间的表达方法①

おととし （前年）	きょねん 去年 （去年）	ことし 今年 （今年）	らいねん 来年 （明年）	さらいねん 再来年 （后年）
せんせんげつ 先々月 （上上月）	せんげつ 先月 （上月）	こんげつ 今月 （本月）	らいげつ 来月 （下月）	さらいげつ 再来月 （下下月）
おととい （前天）	きのう 昨日 （昨天）	きょう 今日 （今天）	あした 明日 （明天）	あさって （后天）

三、文型

1. ～は形容词1です

体言 は 形容词1词典形 です

这是形容词1做谓语的描写句敬体非过去时的肯定形式，也是描写句的基本句型。"体言は"构成主题，"形容词1词典形です"构成谓语。"です"在这里只起语法作用，没有实质意义。例如：

発音**は難しいです**。

それ**はいいです**。

助詞の使い方**はおもしろいです**。

2. ～は～くないです／ありません

体言 は 形容词1くないです／ありません

这是形容词1做谓语的描写句敬体非过去时否定式的两种表达方式。意义上没有区别，一般多用前者。可以译为"不～"。例如：

今日**は涼しくないです／ありません**。

助詞の使い方**は難しくないです／ありません**。

ここ**は寒くないです／ありません**。

3. ～は～かったです

体言 は 形容词1词干かったです

这是形容词1做谓语的描写句敬体过去时的肯定形式。"体言は"构成主题，"形容词1词干かったです"构成谓语。例如：

昨日は暑かったです。
昨日の勉強はおもしろかったです。
昨日は涼しかったです。

4．～は～くなかったです／ありませんでした

体言　は　形容詞1くなかったです／ありませんでした

这是形容词1做谓语的描写句敬体过去时的否定形式。"体言は"构成主题，"形容词第一连用形なかったです／ありませんでした"构成谓语。例如：

去年の冬は寒くなかったです／ありませんでした。
昨日は暑くなかったです／ありませんでした。
昨日は涼しくなかったです／ありませんでした。

5．あまり～くないです／ありません

あまり　形容詞1くないです／ありません

"あまり"是副词，常常与谓语的否定形式搭配使用，表示程度不高。一般译为"不太～""不大～"。例如：

日本語の発音はあまり難しくないです／ありません。
その山はあまり高くないです／ありません。
今日はあまり寒くないです／ありません。

6．～は～ほど～くないです／ありません

体言　は　体言　ほど　形容詞1くないです／ありません

"ほど"是副助词，常常与谓语的否定形式搭配使用。一般译为"～不像～那么～""～没有～那样～"。例如：

北京は東京ほど蒸し暑くないです／ありません。
日本語の発音は中国語ほど難しくないです／ありません。
佐藤さんは馬さんほど高くないです／ありません。

四、解釈

1. これからどうしますか。

   "これから"译为"一会儿""从现在起"。"どう"是副词,译为"如何""怎样"等。"します"是动词,译为"做""干"等。这句话可以译为"一会儿你做什么?"

2. 勉強です。明日の１限目は日本語のテストですから。

   "勉強です"中的"です"虽是判断助动词,但表示动词的意义。"から"接在句尾,表示原因、理由。这句话可以译为"我要学习,(因为)明天的第一节课是日语考试。"

3. 発音は難しくないですが、助詞の使い方は難しいです。

   前句和后句的主语分别用"は"做提示,以进行两者的比较。这句话可以译为"发音不难,可是助词的用法很难"。

一、用正确的语音语调大声朗读下列句子。

1. いいお天気ですね。
2. 北京も秋はいい季節ですよ。
3. 涼しくて、気持ちがいいです。
4. 発音は難しくないですが、助詞の使い方は難しいです。
5. わたしもがんばります。

二、在下列日文汉字上标注假名。

今日　　　難しい　　　漢字　　　英語　　　発音

去年　　　季節　　　東京　　　風　　　蒸し暑い

三、在下列画线的假名下写出日文汉字。

にほんご　　きのう　　きもち　　だんとう　　なつ

あき　　　ふゆ　　　あつい　　　さむい　　　つよい

四、在空白处填写形容词1的活用形式。

词例	肯　定　式		否　定　式	
	非过去时+です	过去时+です	非过去时+です	过去时+です
暑い			暑くないです	
寒い	寒いです			
涼しい		涼しかったです		
いい			よくないです	
難しい				難しくなかったです

五、仿照例句，做替换练习。

例1：涼しい→今日は涼しいです。→昨日も涼しかったです。

1．暑い→

2．気持ちがいい→

3．寒い→

例2：今年の冬は寒くないです。→去年の冬も寒くなかったです。

1．今年の夏は暑くないです。→

2．今年の秋は涼しくないです。→

3．今年の春は暖かくないです。→

例3：気持ちがいいです。→いい気持ちです。

1．発音が易しいです。→

2．ゲームがおもしろいです。→

3．空が青いです。→

例4：涼しいです。気持ちがいいです。
　　→涼しくて，気持ちがいいです。

1．部屋の中は明るいです。気持ちがいいです。→

2．風が強いです。寒いです。→

3．発音は易しいです。おもしろいです。→

六、选择填空（从下列单词中选出合适的词填入括号内，一个单词只能用一次）。

　　ほど　　が　　でも　　ね　　よ　　あまり

1．日本語は難しいです（　　），おもしろいです。

2．今日は昨日（　　）寒くないです。

3．この助詞の使い方は（　　）難しくないです。

4．この本は高いです。（　　），おもしろいです。

5．今日はいい天気です（　　）。
　　——そうですね。

6．この方は中国人です（　　）。
　　——そうですか。

七、根据课文回答下列问题。

1．東京の秋はどうですか。

2．北京の夏は蒸し暑いですか。

3．北京の冬は東京より寒いですか。

4．スポーツのいい季節はいつですか。

八、看图，选择填空并练习会话。

1.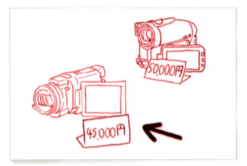

（1）このビデオはそのビデオより安いですか。

　　はい，＿＿＿＿＿＿＿。

　　ａ．高いです　　　　　ｂ．安いです。

（2）このビデオはそのビデオほど高くないですか。

　　はい，＿＿＿＿＿＿＿。

　　ａ．高くありません　　ｂ．そうではありません

（3）そのビデオは高いですが，このビデオも高いですか。

　　いいえ，＿＿＿＿＿＿＿。

　　ａ．安くないです。高いです。

　　ｂ．高くないです。安いです

（4）このビデオは＿＿＿＿＿＿＿。

　　ａ．高いですよ　　　　ｂ．あまり高くないですよ

2.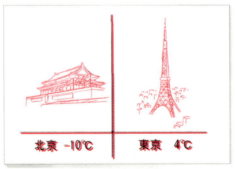

（1）北京の冬はどうですか。

　　―＿＿＿＿＿＿＿。

（2）東京の冬は北京より暖かいですか。
　　　——はい，暖かいです。東京の冬は北京ほど＿＿＿＿＿＿＿＿。
（3）北京は東京より寒いですよ。
　　　——そうですか。東京は北京ほど＿＿＿＿＿＿＿＿＿＿ね。
（4）北京は寒いですね。東京も寒いですか。
　　　——いいえ，東京はあまり＿＿＿＿＿＿＿＿＿＿＿＿。

九、听录音。把录音里的内容填写在横线上。

男：今年の冬は＿＿＿＿＿＿＿＿ですね。
女：そうですね。＿＿＿＿＿＿＿＿。
男：でも，去年もおととしも＿＿＿＿＿＿＿＿でしょう。
女：そうでしたね。去年もおととしも＿＿＿＿＿＿＿＿ですね。

十、按A、B角色练习会话。

A：今日は暖かいですね。空も青くて。
B：そうですね。昨日は風が強かったですね。寒かったです。
A：北京の冬は風が強くて寒い日が多いです。東京はどうですか。
B：東京も寒いですが，北京ほど寒くないです。
A：それはいいですね。

補足単語

おととし⓪	〈名〉	前年
ことし⓪ [今年]	〈名〉	今年
らいねん⓪ [来年]	〈名〉	明年
さらいねん⓪ [再来年]	〈名〉	后年
せんせんげつ③ [先々月]	〈名〉	上上月
せんげつ① [先月]	〈名〉	上月
こんげつ⓪ [今月]	〈名〉	本月，这个月

らいげつ① ［来月］	〈名〉	下月
さらいげつ② ［再来月］	〈名〉	下下月
おととい③ ［一昨日］	〈名〉	前天
あさって②	〈名〉	后天
やま② ［山］	〈名〉	山
はる① ［春］	〈名〉	春天，春季
あたたかい④ ［暖かい］	〈形1〉	暖和，温暖
やさしい⓪ ［易しい］	〈形1〉	简单，容易
ゲーム① ［game］	〈名〉	游戏
へや② ［部屋］	〈名〉	房间
なか① ［中］	〈名〉	里，里面
あかるい⓪ ［明るい］	〈形1〉	明亮
いつ①	〈代〉	何时，几时
ビデオ① ［video］	〈名〉	摄像机
やすい② ［安い］	〈形1〉	便宜

日本的首都——东京

1868 年明治维新以后，日本天皇由京都迁居至江户（江戸），并将江户更名为东京。

东京是日本政治、经济、文化的中心，也是一座传统和现代交相辉映、充满活力的现代化都市。下辖 23 区、26 市、5 町、8 村，总面积为 2187 平方公里，人口约 1329 万（2014 年 4 月），是世界上人口最多的城市之一。东京地处温带，四季分明。夏季高温多湿，冬季干燥少雨，但春秋两季气候宜人。在这里，可以尽情享受春季赏花、夏季海水浴、秋季观红叶、冬季滑冰的乐趣。

东京有国家最高行政机关，有建于 1457 年的江户城（江戸城）——皇宫，还有现代大型海上公园——台场海滨公园等。

东京的金融业和商业发达，对内对外商务活动频繁。素有"东京心脏"之称的银座，是当地最繁华的商业区。

东京的文化教育机构密集，设施完备。拥有全国百分之八十的出版社、全国总数三分之一的大学以及各类博物馆、美术馆、图书馆等。而且，还经常举办东京音乐节和国际电影节等丰富多彩的国际文化交流活动。

你知道在 1979 年东京和我国哪座城市结为友好城市吗？（答案请在本课找）

第 7 課

ここの紅葉は有名です

導入

1. 你知道哪些形容景色、状态的单词?
2. 你会用日语介绍自己的故乡吗?
3. 你居住的地方什么最有名?

本文

会話Ⅰ　わたしの故郷は北京の郊外で、静かなところです

第 7 課

佐藤带小马来到自己的家乡。俩人边欣赏风景，边聊天。

馬　：わあ，きれいですね。
佐藤：ええ。ここの紅葉(もみじ)は有名(ゆうめい)です。
馬　：人(ひと)が多(おお)いですね。いつも，こんなににぎやかですか。
佐藤：ええ。でも以前(いぜん)は，交通(こうつう)が便利(べんり)ではありませんでした。人(ひと)もあまり多(おお)くなかったです。
馬　：そうですか。
佐藤：子(こ)どもの時(とき)は，にぎやかな都会(とかい)が好(す)きでしたが，今(いま)は，静(しず)かな郊外(こうがい)が好(す)きです。
馬　：わたしも。
佐藤：馬(ま)さんの故郷(こきょう)は。
馬　：わたしの故郷(こきょう)は北京(ペキン)の郊外(こうがい)で，静(しず)かなところです。いちごの産地(さんち)です。
佐藤：いいですね。わたしはいちごが大好(だいす)きです。

新しい言葉 I

1.	ここ ⓪	〈代〉	这，这里
2.	もみじ ① ［紅葉］	〈名〉	红叶，枫叶
3.	ゆうめい ⓪ ［有名］	〈名・形2〉	有名，著名
4.	こきょう ① ［故郷］	〈名〉	故乡，老家
5.	こうがい ① ［郊外］	〈名〉	郊外，郊区
6.	しずか ① ［静か］	〈形2〉	安静，寂静
7.	ところ ③⓪ ［所］	〈名〉	地方，地点，场所
8.	わあ ①	〈感〉	哇，哎呀
9.	きれい ① ［奇麗］	〈形2〉	漂亮；干净

10. ええ①	〈感〉	（用于肯定，答应）嗯，唉
11. ひと⓪② [人]	〈名〉	人
12. おおい①② [多い]	〈形1〉	多，许多
13. いつも①	〈副〉	总是，经常；平日，往常
14. こんなに⓪	〈副〉	这样，这么
15. にぎやか② [賑やか]	〈形2〉	热闹，繁华
16. いぜん① [以前]	〈名〉	以前，以往
17. こうつう⓪ [交通]	〈名〉	交通
18. べんり① [便利]	〈名・形2〉	便利，方便
19. こども⓪ [子ども]	〈名〉	儿童，小孩儿
20. とき② [時]	〈名〉	时期
21. とかい⓪ [都会]	〈名〉	都市，城市
22. すき② [好き]	〈形2〉	喜欢
23. いま① [今]	〈副・名〉	现在
24. いちご [苺] ⓪	〈名〉	草莓
25. さんち① [産地]	〈名〉	产地
26. だいすき① [大好き]	〈形2〉	非常喜爱，特别喜欢

会話Ⅱ　秋はさわやかで，気持ちがいいです

第 7 課

佐藤继续带小马观赏自己家乡的风景，聊天。

佐藤：わたしは秋が大好きです。

馬　：ええ。わたしも嫌いではありません。さわやかで，気持ちがいいですね。

佐藤：馬さん，日本の田舎は初めてですか。

馬　：はい，初めてです。とても楽しいです。

佐藤：ほら，見てごらんなさい。山の上の紅葉が見事ですよ。

馬　：ほんとだ。色が鮮やかで，きれいですね。

佐藤：ええ。わたしは故郷の紅葉が大好きです。

馬　：あのう，あの川は。

佐藤：あれは有名な千曲川です。

馬　：ああ，あれが千曲川ですか。

新しい言葉Ⅱ

27.	さわやか② ［爽やか］	〈形2〉	清爽，爽快
28.	きらい⓪ ［嫌い］	〈形2〉	讨厌，不喜欢
29.	にほん② ［日本］	〈名〉	日本
30.	いなか⓪ ［田舎］	〈名〉	乡下，农村
31.	はじめて② ［初めて］	〈名・副〉	初次，第一次
32.	とても⓪	〈副〉	非常，很
33.	たのしい③ ［楽しい］	〈形1〉	愉快，快乐
34.	ほら①	〈感〉	喂，瞧
35.	やま② ［山］	〈名〉	山
36.	うえ② ［上］	〈名〉	上，上面
37.	みごと① ［見事］	〈形2〉	漂亮；精采，出色
38.	いろ② ［色］	〈名〉	颜色，色彩

39.	あざやか② [鮮やか]	〈形2〉	鮮明,鮮艳
40.	あのう⓪	〈感〉	请问,喂,哎,嗯
41.	あの⓪	〈连体〉	那个
42.	かわ② [川]	〈名〉	河,河流
43.	あれ⓪	〈代〉	那个
44.	ちくまがわ③ [千曲川]	〈名〉	（流经日本长野县东北部的一条河流）千曲川

説明

一、コミュニケーション表現

1. わあ，きれいですね。

意为"哎呀！真漂亮！"。"わあ"表示感叹，因感到意外或吃惊而发出的声音。

2. 馬さん，日本の田舎は初めてですか。

意为"小马，你是第一次来日本乡下吗？"。这是询问对方是不是第一次来某地方时常用的一句话，问第一次来什么地方，什么地方就做主语。例如：

A：木村さん，北京は初めてですか。
B：はい，そうです。

A：王さん，日本は初めてですか。
B：いいえ，初めてではありません。

3. ほら，見てごらんなさい。

意为"喂！请看呀！"。"ほら"一般用于提醒对方注意。"見てごらんなさい"是"请看"的意思。

4．ほんとだ。

意为"真的""真是名不虚传"。表示认可，有同感，属于脱口而出。这种简体表达形式，常用于同龄人之间。例如：

A：人が多いですね。
B：ほんとだ。

5．あのう，あの川は。

意为"对不起，请问那条河是什么河呀？"。"あのう"用于唤起对方注意，当需要与对方搭话、问路或打听什么事情时，常以此开始，预示有话要说。"あの川は"的后面省略了谓语。

二、文法

1．描写句②

本课学习"形容词2词典形+です"做谓语的描写句(详见"文型")。其形式是：

| 体言 | は | 形容词2词典形 | です |

2．形容词2

形容词2由词干和词尾组成，有活用变化。词典形即词干，词尾用"だ"表示。"词典形+だ"是形容词2终止形简体非过去时肯定形式（也称简体）。

把"词典形+だ"中的词尾"だ"换成"です"，就构成了敬体非过去时肯定形式（也称敬体）。

（1）终止形①

形容词2敬体非过去时肯定和否定形式：

如上所述，"词典形+です"是形容词2终止形敬体非过去时肯定形式（敬体），这种形式既可结句，又是形容词2敬体表现形式发生各种活用变化的基本形，也就是说，它的各种活用变化都将在"です"上进行和完成。否定形式是"词典形+ではないです/ではありません"。如下表：

词典形	词干	词尾	敬体非过去时肯定形式	敬体非过去时否定形式
好き	好き	だ	好きです	好きではないです／ではありません
有名	有名	だ	有名です	有名ではないです／ではありません
きれい	きれい	だ	きれいです	きれいではないです／ではありません

形容词2敬体过去时的肯定和否定形式：

把"词典形+です"中的"です"换成"でした"，就构成了敬体过去时肯定形式；把"です"换成"ではなかったです/ではありませんでした"就构成了敬体过去时否定形式。如下表：

非过去时肯定形式	过去时肯定形式	过去时否定形式
好きです	好きでした	好きではなかったです／ではありませんでした
有名です	有名でした	有名ではなかったです／ではありませんでした
きれいです	きれいでした	きれいではなかったです／ではありませんでした

（2）连体形

形容词2的连体形是词典形加词尾"な"，它在句中做连体修饰语。如下表：

词典形	词尾	连体形	例句
好き	な	好きな	ここはわたしの**好きな**町です。
嫌い	な	嫌いな	子どもの時，あの人は**嫌いな**人でした。
きれい	な	きれいな	**きれいな**紅葉です。

（3）连用形①

形容词2有第一、第二连用形之分，本课先学习第二连用形。第二连用形在句中表示并列、中顿。变化规则是把"词典形+です"中的"です"换成"で"。如下表：

敬体非过去时肯定形式	第二连用形	例句
鮮やかです	鮮やかで	この色は**鮮やかで**，きれいです。
にぎやかです	にぎやかで	ここは**にぎやかで**，便利です。
有名です	有名で	わたしの故郷は**有名で**，人が多いです。

3. 提示助词　は②

"は"接在体言后面，用于对比出现在两个分句中的主语。例如：

日本語の発音**は**難しくないですが，助詞の使い方**は**難しいです。

子どもの時**は**，にぎやかな都会が好きでしたが，いま**は**，静かな郊外が好きです。

夏**は**暑いですが，冬**は**寒いです。

4. 判断助动词"です"的中顿形式　で

"で"是"です"的连用形，在句中表示中顿，用于并列复句。例如：

父は医者**で**，母は教師です。

木村さんは大学生**で**，妹さんは高校2年生です。

わたしの故郷は北京の郊外**で**，静かなところです。

5. 格助词　が②

"が"接在体言后，表示好恶的对象。（详见"文型"）

6. こそあど系列词汇②

（1）ここ　そこ　あそこ　どこ

指示代词，属于体言，用来指代场所。

近称	中称	远称	疑问称
ここ	そこ	あそこ	どこ
这，这里	那，那里	那，那里	哪儿，哪里

例如：

ここはわたしの故郷です。

先生の席は**そこ**ですか。

あそこはわたしの大学です。

馬さんの故郷は**どこ**ですか。

（2）この　その　あの　どの

连体词。只能做连体修饰语修饰后面的体言，不能单独使用。用于指示、限定所指代的人或事物。

近称	中称	远称	疑问称
この	その	あの	どの
这～	那～	那～	哪～

例如：

この犬は僕の高校時代の恋人でした。

その写真は木村さんの家族の写真ですか。

あの人は佐藤さんです。

どの席が馬さんの席ですか。

三、文型

1. ～は形容词2です／ではありません

| 体言 | は | 形容词2词典形 | です／ではありません |

此句型是以形容词2做谓语的描写句敬体基本句型。以"です"结句的是其敬体非过去时肯定式句式；把"です"换成"ではありません"就构成了敬体非过去时否定式句式。例如：

故郷の交通**は**便利です／ではありません。

ここの紅葉**は有名です／ではありません**。

2. ～は形容詞2 でした／ではありませんでした

| 体言 | は | 形容詞2 词典形 | でした／ではありませんでした |

以"でした"结句的是其过去时肯定式句式；"ではありませんでした"是描写句敬体过去时否定形式的句式。例如：

あの川**はきれいでした／ではありませんでした**。

ここ**はにぎやかでした／ではありませんでした**。

ここのいちご**は有名でした／ではありませんでした**。

3. ～は～が好き／嫌いです

| 体言 | は | 体言 | が | 好き／嫌いです |

表示某人对某事物的好恶。"は"表示全句的主题，要言及的范围。"が"表示好恶的对象，"～が好き／嫌いです"构成了全句的谓语部分。例如：

私**は**いちご**が好きです**。

子どもの時**は**，にぎやかなところ**が好きでした**。

私**は**夏**が嫌いです**。

四、解釈

ああ，あれが千曲川ですか。

意为"啊，那就是千曲川呀！"。"が"表示主语。当小马听说"あれは有名な千曲川です"时，她表示很意外和惊讶，因为早就听说过有名的千曲川，而现在突然出现在眼前时，她不由得发出惊叹："ああ，あれが千曲川ですか"，"か"用降调。

練習

一、用正确的语音语调大声朗读下列句子。

1．ここの紅葉は有名です。
2．私の故郷は北京の郊外で，静かなところです。
3．わたしはいちごが大好きです。
4．山の上の紅葉が見事ですよ。
5．色が鮮やかで，きれいですね。

二、在下列日文汉字上标注假名。

嫌い　　気持ち　　有名　　便利　　静か

多い　　鮮やか　　楽しい　　都会　　人

三、在下列画线的假名下写出日文汉字。

みごと　　こきょう　　もみじ　　かわ　　こうつう

いなか　　とき　　さんち　　ちいさい　　やま

四、仿照例句，做替换练习。

例1：ここは静かです。→ここは静かではありません。

1．紅葉の色が鮮やかです。→
2．私は夏が好きです。→
3．ここはきれいです。→

例2：ここはとてもにぎやかでした。
　　→ここはあまりにぎやかではありませんでした。
1．昔は，交通が便利でした。→
2．佐藤さんはとても親切でした。→
3．北京の郊外はとても静かでした。→

例3：紅葉がきれいです。→きれいな紅葉です。
1．郊外が静かです。→
2．紅葉が鮮やかです。→
3．お寺が有名です。→

五、仿照例句，替换下列画线部分。

例1：私の故郷は田舎です。静かなところです。
　　→私の故郷は田舎で，静かなところです。
1．こちらは佐藤さんです。大学生です。→
2．北京は大都会です。人が多いです。→
3．木村さんは日本人です。私の友だちです。→

例2：ここの紅葉の色は鮮やかです。きれいです。
　　→ここの紅葉の色は鮮やかで，きれいです。
1．天気がさわやかです。気持ちがいいです。→
2．パソコンは使い方が簡単です。便利です。→
3．今日は空気がきれいです。さわやかです。→

六、根据图示，将指示代词"ここ"、"そこ"、"あそこ"、"どこ"填写在下面的括号里。

1.

A：(　　　)はスーパーですか。
B：はい，そうです。

2.

A：（　　）はわたしの席ですか。
B：いいえ，（　　）はAさんの席ではありません。わたしの席です。

3.

A：（　　）の建物は病院ですか。
B：はい，そうです。

4.

A：新しい本屋は（　　）ですか。
B：新しい本屋は（　　）です。

七、填空。

1. （　）犬はぼくの恋人でした。
   a．これ　　　　b．ここ　　　c．この
2. 馬さんの本は（　）ですか。
   a．どれ　　　　b．だれ　　　c．どの
3. （　）写真は何の写真ですか。
   a．それ　　　　b．その　　　c．どの
4. 昨日（　）暑かったですが，今日（　）涼しいです。
   a．が　が　　　b．は　が　　c．は　は
5. わたしは冬（　）嫌いです。
   a．が　　　　　b．は　　　　c．の
6. わたしはさわやか（　）秋が好きです。
   a．で　　　　　b．の　　　　c．な
7. 馬さん，日本の田舎（　）初めてですか。
   a．は　　　　　b．の　　　　c．で
8. わたしの故郷（　）いちご（　）産地です。
   a．は　が　　　b．は　の　　c．が　は

八、根据课文回答下列问题。

1. 佐藤さんの故郷はどんなところですか。
2. 昔，佐藤さんの故郷は交通が便利でしたか。
3. 佐藤さんは子どもの時，にぎやかな都会が好きでしたか。静かな郊外が好きでしたか。
4. 佐藤さんは何が大好きですか。
5. 馬さんは秋が好きですか。

九、参照给出的单词，看图介绍自己的家乡。

故郷　田舎　静か　産地　有名　野菜　交通　便利　にぎやか

十、听录音，把录音里的内容填写在横线上。

　　佐藤さんの故郷は＿＿＿＿＿＿＿＿です。そこの紅葉はとても＿＿＿＿＿＿＿＿です。佐藤さんは＿＿＿＿＿＿＿＿が大好きです。馬さんの故郷は田舎で，＿＿＿＿＿＿＿＿です。

　　昔，佐藤さんの故郷は交通が＿＿＿＿＿＿＿＿でした。人はあまり＿＿＿＿＿＿＿＿です。今はとても＿＿＿＿＿＿＿＿で，人が＿＿＿＿＿＿＿＿です。

十一、看图，按A、B角色练习会话。

1.

　　A：Bさんの好きな果物は何ですか。
　　B：そうですね。いちごが好きです。Aさんは。

A：僕ですか。僕はバナナが好きですね。

B：そうですか。バナナもおいしいですね。

A：ところで，Bさんはどの季節が好きですか。

B：春もいいですが，風が強くて……，秋がいいですね。

2.

A：Bさん，見てごらんなさい。

B：わあ，きれいですね。

A：Bさんは，日本の桜は初めてですか。

B：はい，そうです。ほんとに見事ですね。

A：桜は日本の国花ですが，中国の国花は何ですか。

B：牡丹です。牡丹も見事な花ですよ。

補足単語

まち② ［町］	〈名〉	城镇
しんせつ① ［親切］	〈形2〉	亲切，热心
てら② ［寺］	〈名〉	寺，寺庙
ともだち⓪ ［友達］	〈名〉	朋友
パソコン⓪ ［personal computer］	〈名〉	个人电脑
かんたん⓪ ［簡単］	〈形2〉	简单
スーパー①	〈名〉	超级市场 [supermarket "スーパーマーケット"的简略说法]

たてもの②③ [建物]	〈名〉	建筑物
びょういん⓪ [病院]	〈名〉	医院
ほんや① [本屋]	〈名〉	书店
いそがしい④ [忙しい]	〈形1〉	忙
やさい⓪ [野菜]	〈名〉	蔬菜
くだもの② [果物]	〈名〉	水果
バナナ① [banana]	〈名〉	香蕉
おいしい③	〈形1〉	好吃，味美
ところで③	〈接〉	用于转换话题
さくら⓪ [桜]	〈名〉	樱花
こっか① [国花]	〈名〉	国花
ぼたん① [牡丹]	〈名〉	牡丹

第 7 課

日本动漫

　　动漫，是动画（アニメ）和漫画（まんが）的统称。在日本，动画和漫画就像是一对孪生姐妹，互相提携，相辅相成，是日本流行文化中非常重要的一部分。动漫不仅带动了日本文化产业的蓬勃发展，也为日本文学艺术创作注入了新的活力。

　　日本动漫题材多样，观众和读者队伍壮大，堪称当今最具影响力的第一动漫大国。日本某公司的问卷调查（2013年10月）表明：81.7%的日本人认为漫画对人生产生了积极的影响，其中 44.2%的人通过看漫画结交了朋友，14.2%的人改变了价值观，10.9%的人丰富了知识。

　　一般认为，日本动漫史是以1963年日本首部电视动画连续剧《铁臂阿童木》(『鉄腕アトム』・手塚治虫)的上演为开端的。之后，动漫精品不断，如：《机器猫》(『ドラえもん』・藤子・f・不二雄)，《机动战士高达》(『機動戦士ガンダム』・矢立肇　富野由悠季)等。2003年宫崎骏的新作《千与千寻》(『千と千尋の神隠し』)赢得了多个国际奖项。近年来，日本动漫业面临各种竞争压力。但业内人士通过增强动漫作品的商品化，将作品中的卡通人物制成玩具、糕点、服饰、文具等动漫衍生商品进行销售并创造了相当可观的经济效益。可以说，动漫产品的二次利用给日本的动漫产业带来了新的活力。

你知道《千与千寻》赢得的最主要的两大奖项是什么吗？（答案请在本课找）

第 8 課

本部キャンパスには学部が4つあります

導入

1. 怎样表示什么在哪儿？哪儿有什么？
2. 你会用日语介绍自己的学校吗？
3. 买东西时应该怎么说？

本文

会話I　どこが国際交流センターですか

第 8 課

佐藤带小马来到大学主校区办理奖学金手续。两人刚走到大学门口。

佐藤：馬さん，ここが大学の本部です。

馬　：ああ，そうですか。駅に近いですね。

佐藤：ええ，駅から10分ぐらいです。

馬　：本部キャンパスには学部がいくつありますか。

佐藤：4つです。教育学部のほかに，人文学部と国際学部と工学部があります。

馬　：学生はどのぐらいですか。

佐藤：6000名ぐらいです。

馬　：ところで，どこが国際交流センターですか。

佐藤：ほら，あそこに新しい建物があるでしょう。あれが国際交流センターです。

馬　：ああ，分かりました。

两人走到离新大楼不远的池塘边。

馬　：あら，池に鯉がいますね。

佐藤：ええ。たくさんいますよ。

新しい言葉 I

1. ほんぶ① [本部]　　　　　〈名〉　　　主校区，本部
2. キャンパス① [campus]　〈名〉　　　（大学）校园
3. がくぶ⓪① [学部]　　　　〈名〉　　　院，系，学院
4. いくつ①　　　　　　　　〈代〉　　　几个；几岁
5. よっつ⓪ [4つ]　　　　　〈数〉　　　四个
6. ある① [在る・有る]　　　〈自动1〉　（物品）有，在

7.	こくさいこうりゅう⑤ [国際交流]	〈名〉	国际交流
8.	センター① [center]	〈名〉	中心（机构）
9.	だいがく⓪ [大学]	〈名〉	大学
10.	えき① [駅]	〈名〉	火车站，车站
11.	ちかい② [近い]	〈形1〉	近的
12.	～ふん [分]	〈量〉	（时间单位）～分钟；～分
13.	きょういくがくぶ⑤ [教育学部]	〈名〉	教育系
14.	ほか⓪ [外]	〈名〉	别的，另外，其他
15.	じんぶんがくぶ⑤ [人文学部]	〈名〉	人文系
16.	こくさいがくぶ⑤ [国際学部]	〈名〉	国际系
17.	こうがくぶ③④ [工学部]	〈名〉	工学系
18.	どのぐらい⓪①	〈词组〉	多少
19.	～めい [名]	〈量〉	～名，～人
20.	ところで③	〈接〉	（用于转换话题）可是
21.	あそこ⓪	〈代〉	那里，那边
22.	あたらしい④ [新しい]	〈形1〉	新的
23.	たてもの②③ [建物]	〈名〉	房屋，建筑物
24.	わかる② [分かる]	〈自动1〉	知道，理解
	分かりました	〈词组〉	（我）明白了，知道了
25.	あら①	〈感〉	唉呀，哎哟
26.	いけ② [池]	〈名〉	（水）池，池塘
27.	こい① [鯉]	〈名〉	鲤鱼
28.	いる⓪ [居る]	〈自动2〉	（人或动物）有，在
29.	たくさん⓪③	〈副〉	许多，很多

会話Ⅱ　店員さんが2人しかいません

佐藤带小马办完奖学金手续后，又来到学校的商店。

馬　：佐藤さん、生協には何がありますか。

佐藤：本や文房具など、いろいろあります。お菓子やジュースなどもありますよ。

进了生协以后，小马看到只有两名售货员，但顾客很多，感到很吃惊。

馬　：店員さんが２人しかいませんね。

佐藤：そうですね。大学の売店は店員が少ないです。

馬　：(看到圆珠笔和标价)ボールペンは一本８０円ですか。安いですね。

佐藤：生協の品物は、たいてい外の店より安いです。

馬　：(面向售货员)すみません、ボールペンを１０本ください。

店員：すみませんが、６本しかありません。よろしいですか。

馬　：はい、結構ですよ。

佐藤：ほかに何か必要なものがありませんか。

馬　：もうありません。今日は、いろいろとありがとうございました。

佐藤：どういたしまして。

新しい言葉 II

30.	てんいん⓪［店員］	〈名〉	店员
31.	ふたり⓪［2人］	〈名〉	两人
32.	せいきょう⓪ ［生協］	〈名〉	（"生活協同組合"的简称）消费合作社（这里特指大学里面向加入这个组织的学生和老师的商店）
33.	なに①［何］	〈代〉	什么
34.	ほん①［本］	〈名〉	书
35.	ぶんぼうぐ③ ［文房具］	〈名〉	文具
36.	いろいろ⓪［色々］	〈名・形2・副〉	各种各样，各式各样，种种
37.	おかし②［お菓子］	〈名〉	点心
38.	ジュース①［juice］	〈名〉	果汁饮料
39.	ばいてん⓪「売店」	〈名〉	小卖部，小卖店
40.	すくない③［少ない］	〈形1〉	少，不多
41.	ボールペン⓪ ［ball-point pen］	〈名〉	圆珠笔
42.	～ほん［本］	〈量〉	（表示细长物的数量单位）～支，～根
43.	～えん［円］	〈量〉	～日元
44.	やすい②［安い］	〈形1〉	便宜，低廉
45.	しなもの⓪［品物］	〈名〉	商品，货物，东西
46.	たいてい⓪［大抵］	〈名・副〉	大体上，差不多
47.	みせ②［店］	〈名〉	商店
48.	よろしい⓪③ ［宜しい］	〈形1〉	行，好，可以

第8課

49. けっこう① 「結構」　〈形2・副〉　　足够，可以
50. なにか① [何か]　　〈代〉　　　　（表示不确定的事物）
　　　　　　　　　　　　　　　　　什么，某种
51. ひつよう⓪ [必要]　〈名・形2〉　必要，必需
52. もの②　　　　　　〈名〉　　　　物，东西
53. もう①⓪　　　　　〈副〉　　　　已经

説明

一、コミュニケーション表現

1. すみません，ボールペンを10本ください。

意为"打扰一下，请给我拿10支圆珠笔"。"すみません"在本课用来买东西时招呼售货员。它也可以用来叫住别人问路等。"～をください"这里用于买东西，意为"请给我～"。

2. よろしいですか。
　　——はい，結構ですよ。

意为"可以吗？——好的，可以"。"よろしいですか"是征求对方意见时很客气的说法。需要注意的是，虽然征求对方意见时用"よろしいですか"，但回答者则不能用"よろしいです"，而要用"はい，結構ですよ"表示赞同，这样回答显得比较礼貌、自然。

3. 今日はいろいろとありがとうございました。
　　——どういたしまして。

这是一组表示感谢和应答的说法。"今日はいろいろとありがとうございました。"意为"今天得到了您许多帮助，非常感谢"。这句话用于

即将结束某件事情或分手时，表示感谢对方给自己的许多帮助。"どういたしまして"用于回应对方的感谢，语气比较郑重、客气。相当于"不用谢""没什么"等。也可以用"いいえ"表示回应，语气比较简单、随便。

二、文法

1. 存在句

以动词"あります（ある）"或"います（いる）"做谓语，表示事物、人或动物存在的句子叫存在句。"あります"表示事物的存在，"います"表示人、动物的存在。存在句有两种基本表达方式：

（1）～に～があります／います （～有～）
（2）～は～にあります／います （～在～）
　　　　（详见"文型"）

2. 格助词

（1）に①

"に"接在体言后面，表示人、动物或事物存在的位置、场所，在句中做补语。一般译为"在～"。例如：

売店に店員が2人います。
そこに新しい建物があります。
学生は教室にいます。

（2）に②

"に"接在体言后面，表示比较、评价的基准，在句中做补语。一般译为"离～""对～"等。例如：

ここは彼の家に近いです。
木村さんの家は大学に遠いです。
この辞書は留学生にいいです。

（3）が③

接在体言后面，表示主语。当疑问词做主语时，疑问词后面一定要用"が"表示。回答疑问时，主语也要用"が"表示。例如：

A：どれが馬さんのボールペンですか。
B：これが馬さんのボールペンです。

A：どこが国際交流センターですか。
B：そこが国際交流センターです。

（4）から①

"から"接在体言后面，表示时间、空间的起点，在句中做补语。一般译为"从～起""离～""由～"等。例如：

大学から30分ぐらいです。

駅から遠いです。

生協は何時からですか。

3. 接续词　ところで

用于句首，表示转换话题。一般译为"不过""可是"等。例如：
たくさん建物がありますね。ところで，どこが教育学部ですか。
この大学は駅に近いですね。ところで，学生はどのぐらいいますか。
池に鯉がたくさんいますね。ところで，大学の本部はどこにありますか。

4. 并列助词　や

"や"接在体言后面，用于列举两个以上的事物，暗示言外之意还有其他，常常与副助词"など"搭配使用。一般译为"～啦～啦""～呀～呀"。例如：

売店には，本や文房具などがあります。

机の上には，本や雑誌などがあります。

そこのいちごや桃などは有名です。

5. 副助词

（1）など

"など"接在体言后，表示概括所列举的同类事物，暗示同类中还有其他。一般译为"～什么的""～之类"。（详见"并列助词や"）

（2）しか

"しか"接在有关数量、程度、范围等的体言后面，表示强调、限定。它与谓语的否定形式搭配使用，但表示肯定意义。一般译为"仅仅""只有～"。（详见"文型"）

（3）か

"か"接在疑问词后面，表示不定或不确切的推断。例如：

そのほかに、何か必要なものがありませんか。

そこに誰かいますか。

本部キャンパスに学部がいくつかあります。

（4）ぐらい

"ぐらい"（同"くらい"）接在体言后面，表示概数。一般译为"大概～""大约～""～左右"。例如：

学生はどのぐらいいますか。

学生は6000人ぐらいいます。

駅から30分ぐらいです。

6．助词的重叠形式　には

"には"是助词"に"和"は"的重叠，接在体言后面，表示强调，起加强语气的作用。一般可以译为"在～"。例如：

わたしたちの大学には留学生もいます。

生協には何がありますか。

机の上には本や雑誌などがあります。

7．数词和量词①

（1）基数词

日语的基数词分为汉语性数词和日本固有的数词两种。汉语性数词的用法与汉语相同，表示疑问时用"何"。

第8課

1 いち	2 に	3 さん	4 し/よん	5 ご
6 ろく	7 しち/なな	8 はち	9 く/きゅう	10 じゅう
11 じゅういち	12 じゅうに	13 じゅうさん	14 じゅうし/じゅうよん	15 じゅうご
20 にじゅう	30 さんじゅう	40 よんじゅう	50 ごじゅう	60 ろくじゅう
100 ひゃく	200 にひゃく	300 さんびゃく	400 よんひゃく	500 ごひゃく
1000 せん	2000 にせん	3000 さんぜん	4000 よんせん	10000 いちまん

日本固有的数词一般常用的有10个，数量大于10时用汉语性数词表示。表示疑问时用"幾つ"。

1つ ひとつ	2つ ふたつ	3つ みっつ
4つ よっつ	5つ いつつ	6つ むっつ
7つ ななつ	8つ やっつ	9つ ここのつ
10 とお		

（2）〜本

"本"是量词，接在数词后，表示细长物的数量单位：根、支、条、棵等。接1、3、6、8、10时读音会发生变化。

1本 いっぽん	2本 にほん	3本 さんぼん
4本 よんほん	5本 ごほん	6本 ろっぽん
7本 ななほん	8本 はっぽん/はちほん	9本 きゅうほん
10本 じっぽん/じゅっぽん	11本 じゅういっぽん	12本 じゅうにほん
20本 にじっぽん/にじゅっぽん	21本 にじゅういっぽん	22本 にじゅうにほん
23本 にじゅうさんぼん	24本 にじゅうよんほん	何本 なんぼん

（3）～人

"人"是量词，接在汉语性数词后用来数人数。除1人、2人读法特殊外，其他均为音读，其中"4人"的读法需格外注意。

1人　ひとり	2人　ふたり
3人　さんにん	4人　よにん
5人　ごにん	6人　ろくにん
7人　しちにん／ななにん	8人　はちにん
9人　きゅうにん／くにん	10人　じゅうにん
11人　じゅういちにん	12人　じゅうににん
20人　にじゅうにん	30人　さんじゅうにん
100人　ひゃくにん	1000人　せんにん／いっせんにん
10000人　いちまんにん	何人　なんにん

（4）～円

"円"是日本的货币单位，读作"えん"。目前流通的货币面额及其读法如下：

1円　いちえん	5円　ごえん	10円　じゅうえん
50円　ごじゅうえん	100円　ひゃくえん	500円　ごひゃくえん
1000円　せんえん	2000円　にせんえん	5000円　ごせんえん
10000円　いちまんえん	何円　なんえん	

三、文型

1. ～は～にあります／います

　　体言　は　体言　に　あります／います

这是存在句敬体表达形式的非过去时肯定形式，表示事物、人或动物存在于某处。一般译为"～在～"。表示事物存在于某处时用"あります"；表示人或动物存在于某处时用"います"。它们的否定形式是把"ます"换成"ません"。例如：

お菓子やジュースなど**は**生協**に**あります。

　　　ボールペン**は**店**に**ありません。

　　　学生**は**そこ**に**います。

　　　父**は**会社**に**いません。

2. ～に（は）～があります／います

　　| 体言 | に（は） | 体言 | が | あります／います |

　　这是存在句敬体表达方式的另一种表示非过去肯定形式的句式。表示在某处有某物、人或动物。一般译为"在～有～"。表示在某处有某物时用"あります"；表示在某处有某人、动物时用"います"。它们的否定形式是把"ます"变成"ません"。例如：

　　　生協**には**お菓子やジュースなど**があります**。

　　　生協**には**野菜**がありません**。

　　　そこ**には**学生**がいます**。

　　　その大学**には**留学生**がいません**。

3. ～のほかに，～と～が（も）あります／います

　　| 体言 | のほかに | 体言 | と | 体言 | が（も） | あります／います |

　　"のほかに"意思是"除～之外"。该句型一般可以译为"除～之外，有～和～"。另外，还常以"～のほかに，～と～もあります／います"的形式出现，可以译为"除～之外，还有～和～"。例如：

　　　本部キャンパスには教育学部**のほかに**，人文学部**と**体育学部**があります**。

　　　部屋には佐藤さん**のほかに**，田中さん**と**木村さん**がいます**。

　　　教室には留学生**のほかに**，中国の学生**と**先生**もいます**。

4. ～に～や～などがあります

　　| 体言 | に | 体言 | や | 体言など | が | あります |

　　"に"表示存在的场所。"や"是并列助词，用来并列两个体词。"など"是副助词，表示言外之意还含其他。该句型一般译为"在～有～和～等"。例如：

大学に人文学部や体育学部などがあります。
売店に文房具や本などがあります。
部屋に電話や机などがあります。

5. ～に～しかありません／いません

| 体言 | に | 体言 | しか | ありません／いません |

"しか"是副助词，与表示存在的动词的否定形式搭配使用，表示限定。可以译为"只有～""仅有～"。例如：

部屋に机と電話しかありません。
教室に留学生しかいません。
庭に桜の木しかありません。

6. ～は～が～

这是一个主谓谓语句句式。"は"接在体言后，表示全句的主语（也称大主语）或话题；其他为谓语部分，谓语部分也是由主谓结构构成的，"が"表示谓语部分的主语（也称小主语），小主语从属于大主语。例如：

大学の売店は店員が少ないです。
日本語は発音が難しくありません。
冬は風が冷たいです。

四、解釈

そこに新しい建物があるでしょう。

"でしょう"是由"です"变化而来的，它接在动词终止形后，在这里表示讲话人引领他人的语气。这句话可以译为"那里有一座新建筑物吧"。

第8課

一、用正确的语音语调大声朗读下列句子。

1．本部キャンパスには学部がいくつありますか。
2．どこが国際交流センターですか。
3．教育学部のほかに，人文学部と国際学部と工学部があります。
4．池に鯉がいます。
5．店員さんが2人しかいません。

二、在下列日文汉字上标注假名。

教育学部　　国際交流　　少ない　　新しい　　近い

工学部　　二人　　鯉　　何　　外

三、在下列画线的假名下写出日文汉字。

けっこう　　せいきょう　　みせ　　ぶんぼうぐ　　いけ

じんぶんがくぶ　　ひつよう　　たてもの　　しなもの　　えき

四、仿照例句，做替换练习。

例1：生協には何がありますか。
（1）お菓子→生協にはお菓子があります。
（2）お菓子とジュース→
　　　生協にはお菓子とジュースがあります。
（3）お菓子やジュースなど→
　　　生協にはお菓子やジュースなどがあります。

1．本部には何学部がありますか。
　　（1）教育学部→
　　（2）教育学部と人文学部→
　　（3）教育学部や人文学部など→
2．店には何がありますか。
　　（1）本→
　　（2）本と文房具→
　　（3）本や文房具など→
3．生協には誰がいますか。
　　（1）店員→
　　（2）店員と学生→
　　（3）店員や学生など→

例2：机の上にボールペンがあります。
　　→ボールペンは机の上にあります。
1．山に紅葉の木があります。→
2．庭に犬がいます。→
3．国際交流センターに留学生がいます。→

例3：どこ・留学生の寮・あそこ
　　→どこが留学生の寮ですか。――あそこが留学生の寮です。
1．どれ・家族の写真・それ→
2．どこ・駅・あそこ→
3．どの先生・日本語の先生・あの先生→

五、看图并做出回答。
1．お菓子はいくつありますか。→

みっつ/さんぼん

2．学生は何人いますか。→

3．ボールペンはどのぐらいありますか。→

4．電子辞書はいくらですか。→

六、填空。

1．生協（　）どこ（　）ありますか。
　　a.に　は　　　b.は　に　　　c.に　の
2．売店（　）果物（　）野菜など（　）あります。
　　a.は　の　が　　b.に　や　が　　c.に　は　が

3．先生のほかに，トムさん（　）マリーさん（　）います。
　　　a．と　が　　　　b．も　と　　　　c．が　と
4．この学部には留学生（　）三人（　）いません。
　　　a．が　に　　　　b．しか　が　　　c．が　しか
5．お金が100円しか（　）。
　　　a．ありません　　b．いません　　　c．です
6．何（　）おもしろい本がありますか。
　　　――はい，（　）よ。
　　　a．が　あります　b．か　あります　c．しか　ありません
7．部屋に誰（　）いますか。
　　　――李さんがいます。
　　　a．か　　　　　　b．が　　　　　　c．も
8．父の会社は家（　）近いです。
　　　a．より　　　　　b．を　　　　　　c．に

七、根据课文回答下列问题。

1．大学の本部はどこに近いですか。
2．どの建物が国際交流センターですか。
3．本部には新しい建物がありますか。
4．本部キャンパスには学部がいくつありますか。
5．池に鯉がどのぐらいいますか。
6．生協は品物が安いですか。高いですか。

第8課

八、仿照范文，写一篇介绍自己学校的短文。

例：わたしの大学は公園に近いです。大学には新しい建物がたくさんあります。本部キャンパスには学部が5つあります。わたしの学部は池のそばにあります。本部キャンパスには生協があります。生協には本や文房具などがあります。とても便利です。

_____

_____

_____。

九、听录音，把录音里的内容填写在横线上。

わたしは東海大学の学生です。_____にいます。大学は_____です。とても_____です。キャンパスも_____です。人文学部は_____にあります。そのほかに工学部と_____があります。学生は_____ぐらいいます。大学には池が_____あります。池に_____がたくさんいます。

十、看图，按角色做会话练习。

1. あそこの男の人は誰ですか。

トム：あそこに男の人がいますね。誰ですか。
木村：人文学部の李さんです。わたしの友達です。

トム：そうですか。李さんはどの国の方ですか。
木村：韓国の方です。
トム：そうですか。ところで，馬さんはいまどこにいますか。
木村：僕も分かりません。たぶん寮でしょう。

2．文房具屋で
店員：いらっしゃいませ。
お客：すみません，電池はありますか。
店員：はい，こちらにあります。
お客：じゃ，それをください。
店員：ありがとうございました。

補足単語

いえ② ［家］	〈名〉	家；房子
とおい⓪ ［遠い］	〈形1〉	远
つくえ⓪ ［机］	〈名〉	桌子
きょうしつ⓪ ［教室］	〈名〉	教室
りゅうがくせい③ ［留学生］	〈名〉	留学生
おきゃくさん⓪ ［お客さん］	〈名〉	顾客；客人
ざっし⓪ ［雑誌］	〈名〉	杂志
もも⓪ ［桃］	〈名〉	桃
だれ① ［誰］	〈代〉	谁
さんじゅっぷん③ ［30分］	〈名〉	30分钟
でんわ⓪ ［電話］	〈名〉	电话
にわ⓪ ［庭］	〈名〉	院子，庭院
さくらのき⓪ ［桜の木］	〈词组〉	樱花树
でんしじしょ③ ［電子辞書］	〈名〉	电子词典
おかね⓪ ［お金］	〈名〉	钱，货币
こうえん⓪ ［公園］	〈名〉	公园

第8課

そば① ［傍・側］	〈名〉	旁边，附近
とうかいだいがく⑤ ［東海大学］	〈名〉	（校名）东海大学
おとこのひと③ ［男の人］	〈词组〉	男人，男士
いらっしゃいませ⑥	〈词组〉	欢迎
りょう① ［寮］	〈名〉	宿舍
でんち① ［電池］	〈名〉	电池

日本人的数字观

　　日本人在日常生活中有不少忌讳。在数字方面，他们最忌讳的是"4"和"9"，因为日语中"4"音同"死"，"9"音同"苦"，让人觉得不吉利。日本的许多医院不设4号、9号诊室及病房；饭店没有4号客房；停车场没有4号停车位；羽田机场没有4号停机坪；棒球运动员不穿4号、9号球衣……。有趣的是，监狱一般没有4号囚室，但有9号囚室。

　　从数字的奇数、偶数来看，日本人偏爱奇数，认为奇数表示"阳"、"吉"。日本法定节假日的日期几乎都与奇数有关；男孩出生31天、女孩出生33天要由祖母抱去参拜神社；每年11月15日为3岁或5岁男孩、3岁或7岁女孩举行"七五三の祝"，热闹而隆重……。

　　日本人送礼时，一般要送奇数的东西。送新婚夫妇红包时，忌讳送2万日元和2的倍数，日本民间认为"2"或偶数是可分的，容易导致夫妻分手，所以，一般送3万、5万、7万日元。

　　日本经济发达，人民生活富裕。与此同时，社会也充满弊病与危机，人们心中也充满疑惑和烦恼。因此，大家都尽量避免使用那些给生活带来阴影的数字，而喜爱那些能带来吉祥如意、兴旺发达感觉的数字。

你知道为什么日本人忌讳8342这个电话号码吗？（答案请在本课找）

第 9 課

わたしもそこへ行きます

導入

1. 你会用日语说出学校生活中常用的单词吗?
2. 你会用日语说用什么方式做什么吗?
3. 你会用日语叙述一天做的事情吗?

本文

会話 I　わたしは電車で来ます

清早，小马和佐藤在校园门口相遇，她们互相打招呼，边走边聊天。

佐藤：馬さん，おはようございます。

馬　：おはようございます。これから授業ですか。

佐藤：ええ，4階の大きい教室へ行きます。

馬　：そうですか。わたしもそこへ行きます。
　　　ところで，佐藤さんのお宅は遠いですか。

佐藤：いいえ，あまり遠くないです。家から大学まで自転車で２０分
　　　ぐらいです。

馬　：近くていいですね。

佐藤：馬さんは何で来ますか。

馬　：わたしは電車で来ます。日本の電車は便利ですね。
　　　わたしはよく利用します。

佐藤：わたしも。馬さん，金曜日の午後の講演会は何時に始まります
　　　か。

馬　：1時半に始まります。

佐藤：そうですか。分かりました。

新しい言葉Ⅰ

1. いく⓪　[行く]　　　　　〈自动1〉　　　去，走
2. でんしゃ⓪①　[電車]　　〈名〉　　　　电车
3. くる①　[来る]　　　　　〈自动3〉　　　来，到来
4. じゅぎょう①　[授業]　　〈名・自动3〉　课；授课，上课
5. ～かい　[階]　　　　　　〈量〉　　　　～层（楼）
6. おおきい③　[大きい]　　〈形1〉　　　　大，巨大
7. きょうしつ⓪　[教室]　　〈名〉　　　　教室

第9課

8.	おたく⓪ ［お宅］	〈名〉	（敬语）您家，府上
9.	とおい⓪ ［遠い］	〈形1〉	（距离）远
10.	いえ② ［家］	〈名〉	家，家庭
11.	じてんしゃ②⓪ ［自転車］	〈名〉	自行车
12.	よく①	〈副〉	常常，好好地
13.	りよう⓪ ［利用］	〈名・他动3〉	利用，使用
14.	きんようび③ ［金曜日］	〈名〉	星期五
15.	ごご① ［午後］	〈名〉	午后，下午
16.	こうえんかい③ ［講演会］	〈名〉	讲演会，报告会
17.	なんじ① ［何時］	〈名〉	几点
18.	はじまる⓪ ［始まる］	〈自动1〉	开始
19.	～じ ［時］	〈量〉	～点，点钟
20.	～じはん ［時半］	〈量〉	～点半

会話Ⅱ　写真を撮りましたか

周末刚刚过去，小马和佐藤时隔数日又见面了，佐藤问小马周末是如何度过的。

佐藤：馬さん、しばらくですね。日曜日はどこかへ行きましたか。

馬　：ええ、同級生たちと嵐山へ行きました。

佐藤：嵐山ですか。いい所に行きましたね。

馬　：景色がとてもきれいでした。人もおおぜいいましたよ。

佐藤：写真を撮りましたか。

馬　：人が多かったので、あまり撮りませんでした。

佐藤：周恩来の詩の記念碑も見ましたか。

馬　：はい、見ました。そこで記念撮影をしました。

佐藤：昼食はどこで取りましたか。

馬　：川の近くの小さな店で食べました。少し高かったですが、おいしかったです。

佐藤：よかったですね。

新しい言葉 II

21. とる①［撮る］　　　　　〈他动1〉　　撮影，照相
    写真を撮る　　　　　　　〈词组〉　　　拍照片
22. しばらく②［暫く］　　　〈副〉　　　　许久，好久
23. にちようび③［日曜日］　〈名〉　　　　星期天，礼拜天
24. どうきゅうせい③
    ［同級生］　　　　　　　〈名〉　　　　同班同学；同年级同学
25. ～たち［達］　　　　　　〈后缀〉　　　们，等
26. あらしやま⓪［嵐山］　　〈名〉　　　　（位于日本京都市西部的一座山）岚山

27、	けしき① ［景色］	〈名〉	景色
28、	おおぜい⓪ ［大勢］	〈副・名〉	大批，众多(的人)
29、	しゅうおんらい③ ［周恩来］	〈名〉	（人名）周恩来
30、	し⓪ ［詩］	〈名〉	诗，诗歌
31、	きねんひ② ［記念碑］	〈名〉	纪念碑
32、	みる① ［見る］	〈他动2〉	看，瞧
33、	きねん⓪ ［記念］	〈名・他动3〉	纪念
34、	さつえい⓪ ［撮影］	〈名・他动3〉	摄影
	きねんさつえい④ ［記念撮影］	〈词组〉	合影留念
35、	ちゅうしょく⓪ ［昼食］	〈名〉	午饭，午餐
36、	とる① ［取る］	〈他动1〉	吃（饭）
	昼食を取る	〈词组〉	吃午饭
37、	ちかく②① ［近く］	〈名〉	附近，近处
38、	ちいさな① ［小さな］	〈连体〉	小的
39、	たべる② ［食べる］	〈他动2〉	吃，喝
40、	すこし② ［少し］	〈副〉	稍许，一点
41、	おいしい⓪③	〈形1〉	好吃，味美
42、	よい① ［良い］	〈形1〉	好，良好

説明

一、コミュニケーション表現

1．馬さん、しばらくですね。

意为"小马，好久不见了"。"しばらくですね"用于熟人之间隔一段时间不见再次见面时。

2．いいところに行きましたね。

意为"去的是好地方啊"。是一种寒暄的表达方式。

3．よかったですね。

意为"那太好了"。用于谈话时赞扬对方的选择、行为等。例如：
A：今日はとてもきれいな紅葉を見ました。
B：よかったですね。

A：嵐山で写真をたくさん撮りました。
B：よかったですね。

二、文法

1．叙述句

以动词（表示存在的动词"あります""います"除外）做谓语的句子叫叙述句，它用于叙述人或事物的行为、动作、状态、作用等。例如：
馬さんは嵐山で写真を撮りました。
わたしは毎日7時に起きます。

2．动词及其分类

动词用于表示人或事物的行为、动作、状态、变化、作用、存在等，属于用言，有词尾活用变化。在句子中可以做谓语、连体修饰语等。

第9課

　　日语的动词有他动词和自动词之分。他动词相当于及物动词,可以带宾语,宾语用格助词"を"表示;自动词相当于不及物动词,不带宾语。以上"叙述句"的例句中"撮りました"为他动词,"起きます"为自动词。

　　根据活用变化规律,一般把日语动词分为三类。即:动词1(也称1类动词,传统称五段活用动词)、动词2(也称2类动词,传统称一段活用动词)和动词3(也称3类动词,其中,"来る"传统称力变活用动词,"する"传统称サ变活用动词)。动词1和动词2属于规则变化动词,动词3属于不规则变化动词。

　　动词词典形(也称基本形)有活用变化。各类动词的区别和特点如下:

　　(1)动词1

　　动词1的特点是,词尾是一个假名,该假名在50音图的"う"段上;词尾前面的部分是词干。例如:

词典形	词干	词尾
撮る	撮	る
行く	行	く
遊ぶ	遊	ぶ

　　(2)动词2

　　动词2的特点是,词尾由两个假名组成,最后一个假名是"る","る"前面的假名在50音图的"い段"或"え段"上;词尾前面的部分是词干。例如:

词典形	词干	词尾
見る	見	見る
起きる	起	きる
食べる	食	べる

(3) 动词 3

动词 3 包括"サ变"和"カ变"动词两种类型。

サ变动词的词尾是"する","する"前面的部分是词干,而且词干一般是汉语性词汇。"する"除了做サ变动词词尾外,还可以作为一个独立的サ变动词使用,这时它既是词干,又是词尾。例如:

词典形	词干	词尾
勉強する	勉強	する
する	する	する

此外,カ变动词只有"来る"一个词,它既是词干,又是词尾。

3. 动词终止形①

做句尾的动词的所有词形都可以叫"终止形"。动词的"终止形"有敬体和简体之分,本课学习以下几种敬体形式:

(1) 非过去时肯定、否定形式

敬体非过去时的肯定、否定形式是由词典形变化而来的,它一般用于表示未来的动作、状态、变化;也可以表示不受特定时间限制的超时的动作、变化等。各类动词的肯定、否定形式变化方法如下:

动词 1:

动词 1 的敬体非过去时肯定形式(也称"ます形")是把动词词典形的词尾由"う段"假名换成该行的"い段"假名,然后后续敬体助动词"ます";否定形式是把"ます"换成"ません"。

动词 2:

动词 2 的敬体非过去时肯定形式(也称"ます形")是把词典形的词尾最后一个假名"る"换成"ます";否定形式是把"ます"换成"ません"。

动词 3:

サ变活用动词的敬体非过去时肯定形式(也称"ます形")是把词尾"する"换成"し",然后再加上"ます";否定形式是把"ます"换成"ません"。

第 9 課

カ变活用动词的敬体非过去时肯定形式（也称"ます形"）是把"来る"换成"来"，然后再加上"ます"；否定形式是把"ます"换成"ません"。

（2）过去时肯定、否定形式

敬体过去时的肯定、否定形式是由词典形变化而来的，一般表示动作、状态、变化存在于说话的时点之前。变化的方法是：

把非过去时肯定形式中的"ます"换成"ました"。一般可以译为"～了"。其否定形式是把"ました"换成"ませんでした"。一般可以译为"过去没～"。以上讲到的几种动词的变化方法如下表：

词典形	动词类型	非过去时的肯定形式	非过去时的否定形式	过去时的肯定形式	过去时的否定形式
行く	动1	行きます	行きません	行きました	行きませんでした
遊ぶ	动1	遊びます	遊びません	遊びました	遊びませんでした
撮る	动1	撮ります	撮りません	撮りました	撮りませんでした
見る	动2	見ます	見ません	見ました	見ませんでした
起きる	动2	起きます	起きません	起きました	起きませんでした
食べる	动2	食べます	食べません	食べました	食べませんでした
利用する	动3	利用します	利用しません	利用しました	利用しませんでした
する	动3	します	しません	しました	しませんでした
来る	动3	来ます	来ません	来ました	来ませんでした

4．格助词

（1）と

"と"接在体言后面，表示共同进行某动作、行为的对象，在句中做补语。一般译为"和～""与～"。例如：

母と田舎へ行きました。

同級生たちと嵐山へ行きました。

妹と写真を撮りました。

（2）へ

"へ"接在有关处所的体言后，表示移动的方向、归着点，在句中做补语。一般译为"到～""往～"。例如：

彼は北京へ行きました。

大きい教室へ行きます。

来月，日本へ行きます。

（3）に③

"に"接在有关时间的体言后面，表示动作、行为等进行的时间、时点，在句中做状语。一般译为"在～"，或不译出。例如：

会議は1時に始まります。

授業は6時半に終わります。

何時に行きますか。

（4）で①②

"で"①接在体言后面，表示行为、动作使用的工具、手段或方法，在句中做补语。一般译为"用～""以～""乘～"等。例如：

今日は自転車で来ました。

その情報はテレビで見ました。

毎日，バスで会社へ行きます。

"で"② 接有关处所的体言后面，表示行为、动作的场所，在句中做地点状语。一般译为"在～"。例如：

嵐山で記念撮影をしました。

昼食は大学で取りました。

中村さんの部屋でテレビを見ました。

（5）を①

"を"接在体言后面，在句中做宾语，表示动作的对象。一般译为"把～"，或不译出。例如：

嵐山で写真を撮りました。

わたしはよく電車を利用します。

周恩来の詩の記念碑を見ました。

(6) まで

"まで"接体言后,表示到达的时间、空间的终点,在句中做补语。一般译为"到～"。例如:

彼の家から大学**まで**20分です。

1時から3時**まで**授業があります

売店は何時**まで**ですか。

5．提示助词　は③

"は"接体言后面,可以起到宾语前置的作用。即把宾语提前到句首作为主题,表示强调。例如:

写真**は**撮りませんでした。

昼食**は**どこでとりましたか。

紅葉**は**見ませんでした。

6．接续助词　ので

"ので"接在连体形后面,用于连接两个句子,表示前者与后者之间存在的客观的因果关系。接名词时用"なので"的形式。一般译为"因为～所以～"。例如:

天気が悪い**ので**，嵐山へ行きませんでした。

佐藤さんが行く**ので**，わたしも行きます。

紅葉がきれいな**ので**，写真を撮りました。

今日は日曜日な**ので**，人が多いです。

7．数词和量词②

(1) ～階

"階"接在数词后面,用于数楼层、阶梯等。

1階 いっかい	2階 にかい	3階 さんがい
4階 よんかい	5階 ごかい	6階 ろっかい
7階 ななかい	8階 はっかい/はちかい	9階 きゅうかい
10階 じっかい/じゅっかい	11階 じゅういっかい	12階 じゅうにかい
13階 じゅうさんがい	14階 じゅうよんかい	何階 なんがい

（2）～曜日

表示星期几的说法。

月曜日 げつようび	火曜日 かようび	水曜日 すいようび
木曜日 もくようび	金曜日 きんようび	土曜日 どようび
日曜日 にちようび	何曜日 なんようび	

（3）～時　～時半　～時間　～分

"～時"是"～点钟"的说法。"～時半"是"～点半"的说法。

1時　いちじ	2時　にじ	3時　さんじ
1時半　いちじはん	2時半　にじはん	3時半　さんじはん
4時　よじ	5時　ごじ	6時　ろくじ
4時半　よじはん	5時半　ごじはん	6時半　ろくじはん
7時　しちじ	8時　はちじ	9時　くじ
7時半　しちじはん	8時半　はちじはん	9時半　くじはん
10時　じゅうじ	11時　じゅういちじ	12時　じゅうにじ
10時半　じゅうじはん	11時半　じゅういちじはん	12時半　じゅうにじはん
何時　なんじ		

"～時間"是"～个小时"的说法。

1時間　いちじかん	2時間　にじかん	3時間　さんじかん
4時間　よじかん	5時間　ごじかん	6時間　ろくじかん
7時間　しちじかん	8時間　はちじかん	9時間　くじかん
10時間　じゅうじかん	11時間　じゅういちじかん	12時間　じゅうにじかん
何時間　なんじかん		

"～分"是"～分钟"的说法。

1分 いっぷん	2分 にふん	3分 さんぷん
4分 よんぷん	5分 ごふん	6分 ろっぷん
7分 ななふん	8分 はっぷん/はちふん	9分 きゅうふん
10分 じっぷん/じゅっぷん	11分 じゅういっぷん	12分 じゅうにふん
15分 じゅうごふん	20分 にじっぷん/にじゅっぷん	何分 なんぷん

三、文型

～から～まで

"から""まで"均接在体言后面，分别表示时间、空间的起点和终点。在句中构成补语。"～から～まで"一般译为"从～到～"。两者均可以单独使用。例如：

授業は8時**から**12時**まで**です。

学校**から**家**まで**電車で10分です。

トムさんの家は駅**から**遠いですか。

今日の授業は何時**まで**ですか。

一、用正确的语音语调大声朗读下列句子。

1．4階の大きい教室へ行きます。

2．わたしは電車で来ます。

3．金曜日の講演会は何時に始まりますか。

4．人が多かったので，あまり撮りませんでした。

5．川の近くの小さな店で食べました。

二、在下列日文汉字上标注假名。

生活　　毎日　　便利　　電車　　始まる

同級生　写真　　詩　　近く　　食べる

三、在下列画线的假名下写出日文汉字。

じてんしゃ　　おたく　　りよう　　いく　　くる

にちようび　　もみじ　　みる　　かわ　　みせ

四、在空白处填写出下列动词的活用形式。

词 例	敬体非过去时		敬体过去时	
	肯定形式	否定形式	肯定形式	否定形式
行く	行きます	行きません	行きました	行きませんでした
始まる				
見る				
食べる				
来る				
勉強する				

五、看图，按 A、B 角色练习会话。

例1： 教室

A：どこへ行きますか。
B：教室へ行きます。

1．海　　　　2．東京駅　　　3．山

例2：

A：木村さんは何で大学へ来ますか。
B：自転車で来ます。

1．バス　　　2．地下鉄　　　3．電車

例３：午前の授業

Ａ：午前の授業は何時から何時までですか。
Ｂ：8時から12時までです。

１．会社

２．生協

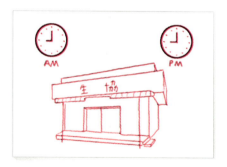

３．テスト

例４：写真を撮る

A：どこで写真を撮りますか。
B：<u>記念碑の前</u>で撮ります。

１．食事を取る

２．講演会を行う

３．映画を見る

六、仿照例句，替换下列画线部分。

例1：ここで写真を撮ります。→写真はここで撮ります。
1．ここで昼食を取りません。→
2．ここで記念碑を見ました。→
3．ここでご飯を食べませんでした。→

例2：あしたはテストです。今晩がんばります。
　　→あしたはテストなので，今晩がんばります。
1．おいしかったです。たくさん食べました。→
2．景色がきれいです。人がおおぜいいました。→
3．おもしろい漫画です。買いました。→

七、填空。
1．講演会（　）2時（　）始まります。
　　a．は　に　　　　b．に　は　　　　c．が　を
2．りんごがおいしかった（　），たくさん（　）買いました。
　　a．が　⊗　　　　b．から　を　　　c．ので　⊗
3．あした，佐藤さんのお宅へ行く（　），あなたも一緒に（　）か。
　　a．ので　行きます
　　b．が　行きました
　　c．けれど　いきませんでした
4．紅葉がとてもきれいでしたから，写真（　），たくさん（　）撮りました。
　　a．を　に　　　　b．を　⊗　　　　c．が　⊗
5．家（　）会社（　）バスで20分です。
　　a．まで　に　　　b．から　まで　　c．から　へ
6．父の会社では土曜日（　）日曜日（　）休みです。
　　a．と　は　　　　b．の　は　　　　c．は　と

7．馬さん（　）留学生（　）一緒に嵐山へ行きました。
   a．と　で　　　　　b．で　と　　　　c．は　と
8．午前の1限目は（　）から（　）までです。
   a．いちじ　さんじ
   b．はちじ　じゅうじ
   c．じゅうにじ　にじ

八、根据课文回答下列问题。

1．馬さんはどこへ行きますか。
2．馬さんは何で学校へ来ますか。なぜですか。
3．講演会はいつですか。
4．日曜日に馬さんは誰とどこへ行きましたか。
5．嵐山は何が有名ですか。
6．人はおおぜいいましたか。
7．昼食はどうでしたか。

九、听录音，把录音里的内容填写在横线上。

　　きのうは_____でした。馬さんは_____。

_____で行きました。京都駅から嵐山まで

_____です。そこの紅葉は_____。

馬さんは佐藤さんと_____。

十、按A、B角色练习会话。

A：Bさんは日曜日に何をしましたか。
B：月曜日にテストがあるので，わたしは勉強しました。
A：勉強が好きですね。何のテストですか。
B：ヒヤリングです。Aさんは何をしましたか。
A：漫画を見ました。

補足単語

おきる② [起きる]	〈自動2〉	起床；发生
あそぶ② [遊ぶ]	〈自動1〉	玩
かいぎ① [会議]	〈名〉	会，会议
おわる⓪ [終わる]	〈自動1〉	结束
じょうほう⓪ [情報]	〈名〉	信息，情报
テレビ① [television]	〈名〉	电视；电视机
バス① [bus]	〈名〉	公共汽车
しょくじ⓪ [食事]	〈名・自動3〉	用餐
きょうと① [京都]	〈名〉	（地名）京都
うみ① [海]	〈名〉	海
とうきょうえき⑤ [東京駅]	〈名〉	（车站名）东京站
ちかてつ⓪ [地下鉄]	〈名〉	地铁
ごぜん① [午前]	〈名〉	上午
えいが① [映画]	〈名〉	电影
えいがかん③ [映画館]	〈名〉	电影院
ごはん① [ご飯]	〈名〉	饭
まんが⓪ [漫画]	〈名〉	漫画
りんご⓪ [林檎]	〈名〉	苹果
かう⓪ [買う]	〈他動1〉	买
いっしょに⓪ [一緒に]	〈副〉	一起
やすみ③ [休み]	〈名〉	休息，休假
ペン① [pen]	〈名〉	钢笔
ヒヤリング① [hearing]	〈名〉	听力（练习）

古城京都

京都（京都（きょうと））位于日本关西地区，面积约827平方公里，人口约147万（2014年5月），是日本历史上的千年古都，也是世界著名的文化古城。京都建于公元794年，从建立起直到19世纪中叶一直是日本的首都。悠久的文化、古朴的风格，是它最大的特色。

在京都，典型的日式庭园、古朴的民居随处可见，典雅而宁静；千余个大大小小的禅寺聚集于此。中国历史与民俗对其影响深远，许多店铺的名称至今仍有汉字的痕迹。

京都名胜古迹众多。全市有38处建筑物被列为日本的"国宝"，199处建筑物被定为重要文物，17座建筑被列入世界遗产名单，如金阁寺（金閣寺（きんかくじ））、东寺（東寺（とうじ））、二条城（二条城（にじょうじょう））、清水寺（清水寺（きよみずでら））等。在这些地方，既可以探究日本的传统文化，又可以尽情欣赏美景。特别是岚山，不仅以樱花、红叶的美艳而闻名遐尔，还留下了周恩来总理的足迹（1919年5月）和诗作——"风雨岚山"。

饮誉1200年历史的京都，流传下来约70多种传统手工艺品，如纺织物、陶瓷器、漆器、染织物等。在京都很多地方，你都可以亲手体验这些手工艺品的制作，并保存下自己的作品。

你知道京都城的最初设计是模仿中国的哪两座城市吗？（答案请在本课找）

第 10 課

お誕生日，おめでとうございます

導入

1. 你知道如何用日语表达给与和接受吗？
2. 你知道如何用日语表示对生日的祝贺和对前来祝贺的人表示感谢吗？
3. 你会用日语表述事物的变化吗？

本文

会話Ⅰ　母からセーターをもらいました

小马注视着挂历。木村看看她，又看看挂历，若有所悟。

木村：そうだ，あと1週間で馬さんの誕生日ですね。

馬　：はい，いよいよ20歳になります。

　　　それに，日本で初めての誕生日になります。

木村：そうですか。

馬　：去年の誕生日には母からセーターをもらい，父から自転車をもらいました。

木村：よかったですね。

僕の誕生日の時は、彼女が手作りのケーキをくれました。

馬　：えっ？手作りですか。うらやましい。

木村：そうですか。じゃあ、馬さんの誕生日には、僕が手作りのプレゼントをあげますよ。

馬　：わあ、うれしい。

新しい言葉 I

1. たんじょうび③［誕生日］　〈名〉　　　生日
2. セーター①［sweater］　　〈名〉　　　毛衣
3. もらう⓪　　　　　　　　〈他動1〉　得到；領取，領受
4. あと①［後］　　　　　　〈名・副〉　以后
5. ～しゅうかん［週間］　　〈量〉　　　～周
6. いよいよ②　　　　　　　〈副〉　　　終于，到底
7. はたち①［20歳］　　　　〈名〉　　　二十岁
8. なる①［成る］　　　　　〈自動1〉　变成，成为
9. それに⓪　　　　　　　　〈接〉　　　而且
10. かのじょ①［彼女］　　　〈代〉　　　女朋友；她
11. てづくり②［手作り］　　〈名〉　　　自己做，自制
12. ケーキ①［cake］　　　　〈名〉　　　西式糕点，蛋糕
13. くれる⓪　　　　　　　　〈他動2〉　给（我）
14. えっ①　　　　　　　　　〈感〉　　　（表示吃惊）嗯
15. うらやましい⑤［羨ましい］〈形1〉　（令人）羨慕的

16. プレゼント② [present]	〈名・他动3〉	礼品，礼物
17. あげる⓪	〈他动2〉	给（他人），给予
18. うれしい③ [嬉しい]	〈形1〉	高兴，愉快

会話Ⅱ　わたしは赤いのを選びました

早上木村去找小马，小马没在宿舍。晚上木村再次来到小马这里。

木村：あ，馬さん。今日はお誕生日でしたね。おめでとうございます。

馬　：ありがとうございます。

木村：どこかへ出かけましたか。

馬　：ええ，友だちと朝早く買い物に行きました。

木村：そうですか。何かいいものがありましたか。

馬　：ええ。これから寒くなるので，マフラーを買いました。

木村：どんなのを買いましたか。

馬　：いろいろありましたが，わたしは赤いのを選びました。ところで，木村さんはわたしに何かご用ですか。

木村：僕の手作りの誕生日祝いを届けに来ました。

馬　：わあ，うれしい。わざわざ，ありがとうございます。

新しい言葉 II

19.	あかい⓪ ［赤い］	〈形1〉	红色
20.	えらぶ② ［選ぶ］	〈他动1〉	挑选，选择
21.	でかける⓪ ［出かける］	〈自动2〉	出门，外出
22.	ともだち⓪ ［友達］	〈名〉	朋友，友人
23.	あさはやく① ［朝早く］	〈副〉	一早就
24.	かいもの⓪ ［買い物］	〈名・自动3〉	买东西，购物
25.	マフラー① ［muffler］	〈名〉	围巾
26.	かう⓪ ［買う］	〈他动1〉	买，购买
27.	どんな①	〈连体〉	什么样的，怎样的
28.	ごよう② ［御用］	〈名〉	（敬语）事情
29.	たんじょうびいわい⑥ [誕生日祝い]	〈名〉	生日礼物，生日祝贺
30.	とどける③ ［届ける］	〈他动2〉	送到，送给
31.	わざわざ①	〈副〉	特意，特地

説明

一、コミュニケーション表現

1. お誕生日，おめでとうございます。
   ——ありがとうございます。

　　意为"祝您生日快乐！——谢谢"。上句是祝贺别人生日时说的话。受祝贺者用"ありがとうございます"应答。课文中是分开说的："今日はお誕生日でしたね。おめでとうございます。""おめでとうございます"是表示祝贺的意思，它不仅用于祝贺生日，还可以用于其他需要表示祝贺的场合。例如：

　　ご結婚，おめでとうございます。
　　ご進学，おめでとうございます。

2．そうだ。

意为"我想起来了"。这是突然间想起什么事情时脱口而出的一句话，多用于同龄人之间。

3．えっ，手作りですか。うらやましい。

意为"哎？是（她）亲手做的？好让人羡慕"。"えっ"表示惊讶。"うらやましい"表示感叹，是脱口而出的。

4．わあ，うれしい。

意为"啊！真高兴"。这是感到高兴时不由自主地发出的声音。

5．わざわざありがとうございます。

——いいえ。

本课意为"谢谢您特意送来生日礼物。——不用谢"。"わざわざ"是"特意、专门"的意思。"いいえ"用作应答，用于同龄人或关系比较密切的人之间。

二、文法

1．授受动词　もらう　くれる　あげる

"もらう""くれる""あげる"是表示授受关系的词，用来表示给予、接受等意思。

（1）もらう

"もらう"用于自己或自己一方的人从别人那里得到什么时，有获得恩惠的含义。受益者在句中做主语，但主语是第一人称时可以省略；施益者一般用"に"或"から"表示，做补语。"もらう"多用于同龄，同辈人。一般译为"从～得到～"。有时虽是对方主动给自己或自己一方的人的，但为了表示感激之情，也用这种说法。这时可以译为"～给（我）～"。例如：

わたしは同級生からプレゼントをもらいました。

父から自転車をもらいました。

日本人の友達に辞書を**もらいました**。

（2）くれる

"くれる"用于别人给说话人或属于说话人一方的人什么东西等，说话人或属于说话人一方的人是受益者。施益者在句中做主语；受益者用"に"表示，做补语。当受益者为第一人称时多被省略。"くれる"多用于同龄、同辈人或比较亲近的长辈。一般译为"给我～"。例如：

母**は**（わたし**に**）プレゼントを**くれました**。

父**は**（僕**に**）自転車を**くれました**。

佐藤さん**は**妹にボールペンを**くれました**。

（3）あげる

"あげる"用于说话人或属于说话人一方的人给别人什么东西等时。说话人或属于说话人一方的人在句中做主语；受益者后面用"に"表示，做补语。多用于同龄、同辈人或比较亲近的长辈。一般译为"给（对方或第三者）～"。例如：

僕**は**父にセーターを**あげます**。

弟は同級生**に**漫画を**あげました**。

木村さん**は**馬さん**に**手作りの誕生日祝いを**あげました**。

2. 动词连用形①

动词连用形有两种形式，本课学习第一连用形。

动词的第一连用形（也称"ます形"）是把敬体非过去时的肯定形式中的"ます"去掉。它在句子中表示中顿、并列。如下表：

动词类型	词典形	敬体非过去时肯定形式	第一连用形
动词1	もらう	もらいます	もらい
	選ぶ	選びます	選び
动词2	起きる	起きます	起き
	出かける	出かけます	出かけ
动词3	利用する	利用します	利用し
	する	します	し
	来る	来ます	来

例如：

　　去年の誕生日に母からセーターを**もらい**，父から自転車をもらいました。

　　わたしは友達と嵐山へ**行き**，写真をたくさん撮りました。

3. 格助词

（1）で③④

"で"③多接在表示数量的体言后面，表示对其数量的限定，在句子中做补语。可以译为"总共"等。例如：

あと1週間**で**馬さんの誕生日ですね。

お客さん，6本**で**よろしいですか。

ボールペンとジュース**で**230円です。

"で"④接在表示范围的体言后面，用来限定范围，在句中做补语。一般译为"在～"等。例如：

日本**で**初めての誕生日です。

そこは北京**で**一番にぎやかなところです。

この川は中国**で**とても有名です。

（2）に④⑤

"に"④接在名词后面，与"なる"搭配使用，表示事物发展、变化的状态、结果。（详见"文型"）

"に"⑤接在动词第一连用形后面，后续"行く""来る""帰る"等移动动词，表示行为、动作的目的等。（详见"文型"）

4. 形式名词　の

"の"属于体言，它接在用言连体形后面，起语法作用，使其名词化。可以在句中做主语、宾语。例如：

わたしは赤い**の**を選びました。

あのきれいな**の**は何ですか。

大きい**の**はいくらですか。

5．接续词　それに

"それに"用于连接两个句子或词组，表示累加。可以译为"而且""再加上"。例如：

いよいよ20歳になります。**それに**，日本で初めての誕生日です。

ここは駅に近いです。**それに**，生活も便利です。

ボールペン，**それに**，本をください。

6．こそあど系列词汇③　こんな　そんな　あんな　どんな

连体词，用来修饰体言，在句中做连体修饰语。

近称	中称	远称	疑问称
こんな	そんな	あんな	どんな
这样的	那样的	那样的	哪样的

例如：

こんなことは初めてです。

そんな人はあまり好きではありません。

あんな事件は知りませんでした。

どんなのを買いましたか。

7．数词和量词③

（1）～歳

"～歳"是表示岁数的量词。询问10岁以下儿童的年龄多用"幾つ"。

1歳	いっさい	2歳	にさい	3歳	さんさい
1つ	ひとつ	2つ	ふたつ	3つ	みっつ
4歳	よんさい	5歳	ごさい	6歳	ろくさい
4つ	よっつ	5つ	いつつ	6つ	むっつ
7歳	ななさい	8歳	はっさい	9歳	きゅうさい
7つ	ななつ	8つ	やっつ	9つ	ここのつ
10歳	じっさい	11歳	じゅういっさい	12歳	じゅうにさい
10	とお				
20歳	はたち/にじっさい/にじゅっさい	30歳	さんじっさい/さんじゅっさい	40歳	よんじっさい/よんじゅっさい
幾つ	いくつ				
何歳	なんさい				

（2）～週間

"～週間"是"～周"的说法。例如：

1週間 いっしゅうかん	2週間 にしゅうかん	3週間 さんしゅうかん
4週間 よんしゅうかん	5週間 ごしゅうかん	何週間 なんしゅうかん

另外，还有关于"周"的过去、现在和将来的说法：

先々週	せんせんしゅう	来週	らいしゅう
先週	せんしゅう	再来週	さらいしゅう
今週	こんしゅう	毎週	まいしゅう

（3）～日

"～日"是"～号"的说法。1-31日的读法分成两部分：1-10日读训读，11-31日中除特殊（14日，20日，24日）的读法之外，均读音读。

1日	ついたち	2日	ふつか	3日	みっか
4日	よっか	5日	いつか	6日	むいか
7日	なのか（なぬか）	8日	ようか	9日	ここのか
10日	とおか	11日	じゅういちにち	12日	じゅうににち
13日	じゅうさんにち	14日	じゅうよっか	15日	じゅうごにち
16日	じゅうろくにち	17日	じゅうしちにち	18日	じゅうはちにち
19日	じゅうくにち	20日	はつか	21日	にじゅういちにち
22日	にじゅうににち	23日	にじゅうさんにち	24日	にじゅうよっか
25日	にじゅうごにち	26日	にじゅうろくにち	27日	にじゅうしちにち
28日	にじゅうはちにち	29日	にじゅうくにち	30日	さんじゅうにち
31日	さんじゅういちにち	何日	なんにち		

三、文型

1．～は～に／から～をもらいます

| 受益者 | は | 施益者 | に／から | 物品 | を | もらいます |

　　这是表示授受关系的句型。用于"受益者"从"施益者"那里得到物品等时。"受益者"后加"は"，在句中表示主语，但用于第一人称时经常被省略；"施益者"后加"に"或"から"，表示补语；"物品"后加"を"，表示宾语；最后加动词"もらう"。一般可以译为"我从～处得到了～"，也可以译为"～给我～"。例如：

　　わたしは母からセーターをもらいました。
　　彼はおじさんにプレゼントをもらいました。
　　妹は父から自転車をもらいました。

2．～は～に～をくれます

| 施益者 | は | 受益者 | に | 物品 | を | くれます |

　　这是表示授受关系的句型。用于"施益者"给"受益者"物品等时。"施益者"后加"は"或"が"，在句中表示主语；"受益者"后加"に"，表示补语。但受益者是第一人称时经常被省略；"物品"后加"を"表示宾语；最后加动词"くれる"。一般可以译为"～给我（或我方的人）～"。例如：

　　父は自転車をくれました。
　　佐藤さんは弟にお菓子をくれました。
　　彼女が（わたしに）手作りのケーキをくれました。

3．～は～に～をあげます

| 施益者 | は | 受益者 | に | 物品 | を | あげます |

　　这是表示授受关系的句型。用于"施益者"给"受益者"物品等时。"施益者"后加"は"，在句中表示主语；"受益者"后加"に"，表示补语；"物品"后加"を"，表示宾语；最后加动词"あげる"。一般可以译为"～给（对方或第三者）～"。例如：

わたしは佐藤さんにプレゼントをあげます。
中村さんは馬さんに手作りのプレゼントをあげました。
わたしは田中さんに中国語の本をあげました。

4．〜に行きます／来ます

"に"接在动词第一连用形（ます形）后面，然后接"行く""来る""帰る"等移动动词，表示行为、动作的目的。一般可以译为"去〜""来〜"等。例如：

佐藤さんはセーターを届けに来ました。
木村さんは本をもらいに行きました。
彼女は生協へジュースを買いに行きます。

5．〜になります／〜くなります

"なる"表示事物发展和变化的状态、结果。它接在体言和形容词2后面时前面加"に"；接形容词1后面时，要先把形容词1变成第一连用形（く形）。一般译为"成为〜""变成〜"。例如：

馬さんは今日で20歳になりますね。
故郷の交通は便利になりましたね。
これから寒くなりますよ。

四、解釈

1．今日はお誕生日でしたね。

意为"今天是您生日吧"。"でした"用于对记忆不清楚的事情等表示确认和核实。

2．わたしに何かご用ですか。

意为"您找我有什么事情吗？"。"です"可以理解为动词的代用。是比较尊敬的表达方式，一般用于向长者或需要表示敬意的人询问找自己有什么事情时。

第 10 課

一、用正确的语音语调大声朗读下列句子。

1．いよいよ20歳になります。
2．日本で初めての誕生日です。
3．去年の誕生日に母からセーターをもらい，父から自転車をもらいました。
4．今日はお誕生日でしたね。おめでとうございます。
5．友だちと朝早く買い物に行きました。

二、在下列日文汉字上标注假名。

朝　　　外　　　ご用　　　自転車　　　誕生日

時　　　彼女　　20歳　　　楽しみ　　　買い物

三、在下列画线的假名下写出日文汉字。

うれしい　でかける　あかい　はじめて　てづくり

さむい　　かう　　　ともだち　とどける　えらぶ

四、仿照例句，做替换练习。

例1：木村さんは手作りの誕生日祝いを馬さんにあげました。
　　→馬さんは木村さんから手作りの誕生日祝いをもらいました。

1．鈴木さんは王さんに日本語の本を上げました。
　　→

2．母は父にネクタイをあげました。
　　→

3．佐藤さんはマリーさんに自転車をあげました。
　　→

例2：わたしは馬さんからプレゼントをもらいました。
　　→馬さんは（わたしに）プレゼントをくれました。

1．わたしは母からスカートをもらいました。
　　→

2．妹は佐藤さんからお菓子をもらいました。
　　→

3．弟は鈴木さんからボールペンをもらいました。
　　→

例3：わたしは行きます。辞書を買います。
　　→わたしは辞書を買いに行きます

1．わたしは行きます。写真を撮ります。
　　→

2．馬さんは行きます。昼食を食べます。
　　→

3．母と行きます。買い物をします。
　　→

例4：寒いです。→寒くなりました。

1．天気がいいです。
　　→

2．紅葉が鮮やかです。
　　→

3．秋です。
　　→

例5：わたしは赤いマフラーを買いました。
　　→わたしは赤いのを買いました。

1．わたしは冷たいビールを飲みました。
　　→

2．馬さんは新しい自転車をもらいました。
　　　　→

3．佐藤さんは赤いセーターを買いました。
　　　　→

五、填空。

1．木村さんは今日（　　　　）誕生日祝いを届けに来ました。
　　a．たいてい　　　　b．わざわざ　　　c．ところで

2．デパートにはマフラーが（　　　　）ありました。
　　a．わざわざ　　　　b．ところで　　　c．いろいろ

3．馬さんは（　　　　）20歳になります。
　　a．いよいよ　　　　b．いろいろ　　　c．ちょっと

4．先週，山へ行きました。（　　　　）海へも行きました。
　　a．ところで　　　　b．あと　　　　　c．それに

5．佐藤さんは（　　　　）家へ帰りました。
　　a．もう　　　　　　b．ちょっと　　　c．いよいよ

6．A：今日，写真を（　　　　）に行きますが。
　　B：（　　　　）写真ですか。
　　A：卒業写真です。
　　a．とり　こんな　b．とり　どんな　c．とる　そんな

7．富士山は日本（　　　　）一番有名な山です。
　　a．から　　　　　　b．に　　　　　　c．で

8．父は今年の10月1日（　　　）56歳（　　　）なります。
　　a．で　に　　　　　b．に　で　　　　c．に　に

9．生協（　　　）何（　　　）いいものがありましたか。
　　a．に　が　　　　　b．に　か　　　　c．で　が

10．ジュースは5本（　　　　）600円です。
　　a．で　　　　　　　b．を　　　　　　c．が

六、根据课文回答下列问题。

1．馬さんは去年の誕生日にお父さんとお母さんから何をもらいましたか。
2．馬さんは誰と買い物に行きましたか。
3．馬さんは何を買いましたか。
4．木村さんはなぜ馬さんにプレゼントをあげましたか。
5．木村さんは馬さんにどんなプレゼントをあげましたか。

七、把下面的句子翻译成日语。

1．祝你生日愉快。
2．这是我自己做的点心。
3．木村，你找我有什么事情吗？
4．我和朋友一起买东西去了。
5．去年过生日时妈妈送给了我一件毛衣。

八、听录音，根据录音内容回答下面的问题。

質問：

1．去年の誕生日に、馬さんはお母さんから何をもらいましたか。
    a．マフラー   b．自転車   c．スカート
2．お母さんの手作りは何ですか。
    a．マフラー   b．セーター   c．スカート
3．マフラーは誰からもらいましたか。
    a．佐藤さん   b．木村さん   c．お母さん
4．そのマフラーはどんな色ですか。
    a．青い   b．赤い   c．白い

九、看图，按角色做会话练习。

木村：あ，馬さん。今日はお誕生日でしたね。今年で何歳ですか。
馬　：20歳になりました。
　　　それに，日本で初めての誕生日です。
木村：そうですね。これ，僕の手作りのものです。おめでとう。
馬　：わあ，うれしい。わざわざありがとう。

補足単語

けっこん⓪ ［結婚］	〈名・自动3〉	结婚
しんがく⓪ ［進学］	〈名・自动3〉	升学
にほんじん④ ［日本人］	〈名〉	日本人
じしょ① ［辞書］	〈名〉	字典，辞典
じけん① ［事件］	〈名〉	事件，事情
しる⓪ ［知る］	〈他动1〉	知道
せんせんしゅう⓪ ［先々週］	〈名〉	上上周
せんしゅう⓪ ［先週］	〈名〉	上周
こんしゅう⓪ ［今週］	〈名〉	本周，这周
らいしゅう⓪ ［来週］	〈名〉	下周
さらいしゅう⓪ ［再来週］	〈名〉	下下周
まいしゅう⓪ ［毎週］	〈名〉	每周
ネクタイ① ［necktie］	〈名〉	领带
スカート② ［skirt］	〈名〉	裙子
そつぎょう⓪ ［卒業］	〈名・自动3〉	毕业
ふじさん① ［富士山］	〈名〉	富士山
しろい② ［白い］	〈形1〉	白，白色

日本的成人节

　　日本民法规定，年满20岁的人为成人（成人せいじん）。成人之后才被赋予选举权，才可以自由结婚、抽烟、饮酒。因此各个家庭都很看重家人年满20岁的生日，国家也把1月15日（从2000年开始改为每年1月第二周的星期一）定为日本法定节假日——"成人节"（成人せいじんのひ日）。这一天，各市、镇、村政府或民间组织为年满20岁的青年男女举行仪式（成人式せいじんしき），祝贺他们成为社会的一员，勉励他们勿忘己任，勇敢面对人生。内容包括官方或长者祝词，年轻人宣誓，赠送纪念品，参拜神社以及参加各种传统的文娱活动等。年轻小伙子身着西装，姑娘们穿上各色和服去参加仪式，以此向自己的青少年时代告别。同时，也喻示着新的人生的开始。

　　每年一度的成人节倍受关注，本人、家庭、社会各方的准备工作都开始得很早，特别是即将成人的姑娘们，半年甚至一年前就为成人节仪式时的着装和发式做准备。过成人节是日本人的人生大事。

　　早在古代，男孩15岁，女孩13岁，就已经被视为成人，要举行称之为"元服（元服げんぷく）"的仪式。作为成人的标志，一是改变发型；二是改换服饰；三是在牙齿和手上加以引人注目的装饰。昭和23年（1948年），日本政府依法将1月15日定为"成人の日"。

　　近年来人们对成人节的看法在发生着微妙的变化。日本各地参加成人节仪式的人数相对于新成人的人数而言有不断减少的趋势。

你知道亲友赠送"新成人"的礼品（礼金）大致金额多少吗？（答案请在本课找）

第 11 課

各地から観光客が集まるでしょう

導入

1. 你会用日语说因为什么而做什么吗?
2. 你会用日语说出几种交通工具的名称?
3. 你会用日语做出推测吗?

本文

会話 I　クラブ活動で鎌倉へ行きます

周末，小马和汤姆在宿舍谈论明天的日程安排。

トム：馬さん，あした，何をしますか。

馬　：クラブ活動で鎌倉へ行きます。

トム：新幹線で行くんですか。

馬　：いいえ，ＪＲ横須賀線で行きます。

トム：ローラさんも行くんでしょう。

馬　：さあ，行くか行かないか分かりません。
　　　後で，彼女に聞きましょう。

トム：あしたは土曜日ですから，観光客でいっぱいになるでしょう。

馬　：きっとそうでしょう。各地から観光客が集まるから。
　　　トムさんはあした，どこかへ行きますか。

トム：午前中はどこへも行きません。寮でレポートを書きます。午後から講演を聞きに行きます。

新しい言葉 I

1. かくち① [各地]	〈名〉	各地，各处
2. かんこうきゃく③ [観光客]	〈名〉	观光客，游客
3. あつまる③ [集まる]	〈自動1〉	聚集，集中
4. クラブ① [club]	〈名〉	俱乐部
5. かつどう⓪ [活動]	〈名・自動3〉	活动；工作
クラブかつどう④ [club活動]	〈词组〉	课外活动
6. かまくら⓪④ [鎌倉]	〈名〉	（地名，位于日本神奈川县）镰仓

7. しんかんせん③
   [新幹線]　　　　　　〈名〉　　　　新干线
8. ジェーアール③ [JR]
   [Japan Railways]　　〈名〉　　　　日本旅客铁道株式会社，日本铁道公司
9. よこすかせん⓪
   [横須賀線]　　　　　〈名〉　　　　（从东京站到横须贺市久里滨站之间的铁路线）横须贺线
10. ローラ① [Rola]　　〈名〉　　　　（人名）罗拉
11. さあ①　　　　　　　〈感〉　　　　表示困惑、犹豫、迟疑时发出的声音
12. きく⓪ [聞く]　　　〈他动1〉　　　询问；听
13. どようび② [土曜日]　〈名〉　　　　星期六，礼拜六
14. いっぱい⓪ [一杯]　　〈副〉　　　　充满，满满地
15. きっと⓪　　　　　　〈副〉　　　　一定，必定
16. ごぜんちゅう⓪
    [午前中]　　　　　〈名〉　　　　中午以前，上午
17. りょう① [寮]　　　〈名〉　　　　宿舍
18. レポート② [report]　〈名〉　　　　研究报告，小论文
19. かく① [書く]　　　〈他动1〉　　　写，书写
20. こうえん⓪ [講演]　　〈名・自动3〉　讲演，（作）报告

会話 II　雨が降るかどうか分かりません

小马准备明天去镰仓，她在向汤姆打听天气情况。

馬：トムさん，さっきの天気予報（てんきよほう）を聞（き）きましたか。あした，雨（あめ）が降（ふ）るでしょうか。

トム：いえ，わたしも聞きませんでした。だから，あしたは雨が降るかどうか分かりません。

馬　：そうですか。どうしようかな。

トム：10時のニュースがすぐ終わりますよ。その後の天気予報を聞きましょう。

馬　：そうですね。ところで，あしたの午後は何の講演ですか。

トム：あしたは午後から，講堂で「地域の人間関係について」のシンポジウムがあります。その講演を聞きに行きます。

馬　：いいですね。誰が講演するんですか。

トム：名前はまだ分かりませんが，きっと有名な学者でしょう。

馬　：いい機会ですけれど，クラブ活動があるので，残念です。

トム：大丈夫ですよ。また機会がありますから。

新しい言葉 II

21.	あめ① [雨]	〈名〉	雨，雨水
22.	ふる① [降る]	〈自動1〉	降，下（雨、雪）
23.	さっき①	〈副〉	方才，刚才
24.	てんきよほう④ [天気予報]	〈名〉	天气预报
25.	いえ①	〈感〉	（用于否定回答）不，不是
26.	だから①	〈接〉	因此，所以
27.	ニュース① [news]	〈名〉	新闻，消息

28.	すぐ①	〈副〉	立刻，马上
29.	おわる⓪［終わる］	〈自动1〉	完，结束，终了
30.	その⓪	〈连体〉	那，那个
31.	あと①［後］	〈名〉	之后，以后
32.	こうどう⓪［講堂］	〈名〉	礼堂，报告厅
33.	ちいき①［地域］	〈名〉	地域，地区
34.	にんげんかんけい⑤［人間関係］	〈名〉	人际关系，人与人的关系
35.	シンポジウム④［symposium］	〈名〉	专题讨论会，座谈会
36.	だれ①［誰］	〈代〉	谁
37.	なまえ⓪［名前］	〈名〉	姓名，名字
38.	まだ①	〈副〉	还，尚
39.	がくしゃ⓪［学者］	〈名〉	学者
40.	きかい②⓪［機会］	〈名〉	机会，时机
41.	ざんねん③［残念］	〈形2〉	遗憾，可惜
42.	だいじょうぶ③［大丈夫］	〈形2〉	没关系，没问题
43.	また⓪	〈副・接〉	又，再，还

説明

一、コミュニケーション表現

1. どうしようかな。

意为"那如何是好呢"。"かな"用于句尾，表达说话人疑问、怀疑或不知如何是好的心情。

2．いいですね。

意为"真好啊！"。用于表达羡慕的心情。例如：
A：馬さん，そのマフラー，きれいですね。
B：誕生日に友達にもらったのです。
A：いいですね。

3．大丈夫ですよ。また機会がありますから。

意为"没关系，肯定还会有机会的"。"大丈夫ですよ"用于劝说、宽慰别人。"また機会がありますから"用于说话人安慰对方，根据具体情况可以变换说法。例如：
A：鎌倉は初めてなので，心配です。
B：大丈夫ですよ。みんなで行きますから。

二、文法

1．动词终止形②

本课学习动词终止形的简体非过去时肯定、否定形式。

（1）简体非过去时肯定形式

简体非过去时肯定形式，即词典形（也称基本形、简体），有词尾活用变化，可以做连体修饰语或用来结句等。

（2）简体非过去时否定形式

动词经活用变化，后续补助形容词"ない"，构成简体非过去时的否定形式，也称作"ない形"。一般可以译为"不～"。"ない"接续动词的方法如下：

动词1是将词尾的ウ段假名换成该行的ア段假名，加"ない"。以"う"做词尾的动词需把"う"换成"わ"，再加"ない"。

动词2是将词尾最后一个假名"る"去掉，加"ない"。

动词3的サ变动词是将词尾"する"换成"し"加"ない"；カ变动词是将"来る"换成"来"加"ない"。具体变化方法如下表：

动词类型	词例	非过去时否定形式
动词1	買う→買わ	買**わない**
	書く→書か	書**かない**
	済む→済ま	済**まない**
	集まる→集まら	集ま**らない**
动词2	見る→見	見**ない**
	起きる→起き	起き**ない**
	教える→教え	教え**ない**
动词3	勉強する→勉強し	勉強**しない**
	する→し	**しない**
	来る→来	来**ない**

2．格助词　で⑤

"で"接在体言后面，表示原因、理由，在句中做补语。可以译为"由于～而～""因为～所以～"。例如：

クラブ活動で鎌倉へ行くんです。

雨で行きませんでした。

彼女は観光で北京に来ました。

3．助词的重叠形式　へも

"へも"是助词"へ"和"も"的重叠，"へ"表示行为、动作的方向；"も"表示强调。与谓语的否定形式搭配使用，表示全面否定。可以译为"(连)～也不(没)～""(连)～都不(没)～"。例如：

日曜日はどこへも行きません。

彼は忙しくて，故郷へも帰りませんでした。

その日，忙しかったので，鎌倉へも行きませんでした。

4．接续助词

（1）から

接在"体言+です"和用言简体形式后面，连接两个分句。表示说话

人主观认为的原因和理由。一般译为"因为～，所以～"。有时也以"から"结句，这种情况也可以视为终助词的用法。例如：

あしたは土曜日ですから，観光客でいっぱいになるでしょう。

ここは静かだから，勉強にいいです。

午後は講演があるから，どこへも行きません。

彼女も一緒に行くでしょう。あしたは日曜日ですから。

（2）けれど

接在"体言+です"和以用言结句的句子后面，连接两个分句。表示两者之间的转折关系。它也可以说成"けれども""けど"，"けれど""けど"多用于口语，"けれども"既可以用于口语，也可以用于书面语。一般译为"而""可是""不过"等。例如：

いい機会ですけれど，クラブ活動があるので，残念です。

東京も寒いけれど，北京ほど寒くありません。

観光客の中には外国人もいるけれど，日本人が多いです。

5．接续词　だから

"だから"也叫"连词"，用于连接两个句子，表示因果关系，多用于说话人的主观判断。可以译为"因为～所以～"。例如：

昨日は雨が降りました。だから，どこへも行きませんでした。

あした，友達の誕生日です。だから，プレゼントを買いに行きます。

天気予報は聞きませんでした。だから，あしたの天気は分かりません。

6．时间的表达方法②

一天中不同时段的说法如下：

朝 / 早晨	昼 / 中午	夜 / 晚上
午前 / 上午	午後 / 下午	

三、文型

1．～でしょう

"でしょう"是"です"的推量形式，接在用言简体形式或体言、形容词2的词干后面，表示说话人的推测、估计。经常与"きっと"搭配使用，起加强语气的作用。可以译为"（肯定）～吧"。例如：

あした，雨が降る**でしょう**。

今年も寒い**でしょう**。

彼女も観光客**でしょう**。

ローラさんも観光が好きだから，**きっと**みんなと一緒に行くん**でしょう**。

2．～の（ん）です

"～のです"是接在用言简体形后面，用于对前面所述内容加以说明或加强语气。"～のです"多用于书面语，"～んです"多用于口语。例如：

クラブ活動だから，トムさんも行く**のです**。

あさっては母の誕生日ですから，故郷へ帰る**のです**。

馬さんは映画を見に行きます。マリーさんも行く**ん**です**か**。

3．～か～か～

"か"是副助词，前者的"か"接在动词简体非过去时的肯定形式后面，后者的"か"接在同一动词的否定形式后面，表示从两种相反的情况中选择其一。一般可以译为"要～还是不要～""是～还是不～"。例如：

彼女は行く**か**行かない**か**分かりません。

あしたは雨が降る**か**降らない**か**分かりません。

買う**か**買わない**か**，お母さんが決めます。

4．～ましょう

"～ましょう"是由动词敬体非过去时的肯定形式"～ます"中的"ます"变化来的，接续方法与"ます"相同。表示建议、劝诱

的语气，用于提议、建议对方与说话人一起做什么事情。可以译为"（一起）～吧"。此外，它还可以用来表示说话人（即第一人称）要进行某一动作的意志。例如：

さあ，みんなで行き**ましょう**。
ここで写真をとり**ましょう**。
日曜日，いっしょに紅葉を見に行き**ましょう**。

5．～かどうか～

"かどうか"接在用言词典形后面，表示从两种相反的情况中选择其一。与"～か～か～"意思基本相同。一般可以译为"要～还是不要～""是～还是不～"。例如：

彼女は行く**かどうか**分かりません。
あしたは雨が降る**かどうか**分かりません。
買う**かどうか**，お母さんが決めます。

6．～で～があります

"で"表示活动的场所和范围；用表示存在的"あります"做谓语来替代表示发生意义的动词。该句型一般可以译为"在～发生了～""在～举行～"。例如：

講堂でシンポジウム**が**あります。
昨日，この道で交通事故**が**ありました。
そこでクラブ活動**が**あります。

7．きっと～でしょう

"きっと"意为"必定""肯定"，与"でしょう"搭配使用，表示说话人比较有把握的推测。一般可以译为"肯定～吧"。例如：

あの先生は**きっと**有名な学者**でしょう**。
あしたは日曜日だから，**きっと**各地から観光客が集まる**でしょう**。
去年は暖冬でしたけれど，今年は**きっと**寒くなる**でしょう**。

練習

一、用正确的语音语调大声朗读下列句子。

1．クラブ活動で鎌倉へ行きます。
2．新幹線で行くんですか。
3．午前中はどこへも行きません。寮でレポートを書きます。午後から講演を聞きに行きます。
4．講堂で「地域の人間関係について」のシンポジウムがあります。
5．名前はまだ分かりませんが，きっと有名な学者でしょう。

二、在下列日文汉字上标注假名。

活動　　　新幹線　　　彼女　　　聞く　　　観光客

各地　　　集まる　　　天気予報　　降る　　　講演

三、在下列画线的假名下写出日文汉字。

どようび　　　ごぜんちゅう　　　りょう　　　かく

あつまる　　　がくしゃ　　　なまえ　　　ざんねん

だいじょうぶ　　　にんげんかんけい

四、在空白处填写出下列动词的活用形式。

例：行く	行きません	行かない
買う		
書く		
話す		
待つ		
死ぬ		
呼ぶ		
読む		
取る		
見る		
食べる		
出かける		
来る		
勉強する		

五、看图，仿照例句做替换练习。

例：嵐山へ行きます。友達に聞きます。

→a．嵐山へ行くかどうか友達に聞きましょう。
→b．嵐山へ行くか行かないか友達に聞きましょう。

第11課

1. セーターを買います。母に相談します。

→ a.
→ b.

2. タクシーを利用します。あとで決めます。

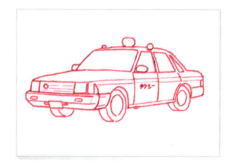

→ a.
→ b.

3. 誕生日祝いを届けます。木村さんと相談します。

→ a.
→ b.

六、仿照例句，替换下列画线部分。

例1：いちごはおいしいです。わたしは大好きです。
→いちごはおいしいから，わたしは大好きです。

1．東京は蒸し暑いです。嫌いです。→
2．あの先生は親切です。大好きです。→
3．このカメラは安いです。いいです。→

例2：A：トムさん，あした何をしますか。
B：クラブ活動で嵐山へ行きます。
A：田中さんも行くんですか。
B：さあ，彼女が行くか行かないか／行くかどうか分かりません。

1．日曜日・教室の大掃除をします・来る
2．午後・この授業のレポートを書きます・書く
3．あさって・映画を見に行きます・行く

七、填空。

1．暗くなりました。（　　）もうどこ（　　）行きません。
　　a．けれど　か へ　　b．だから　を も　　c．だから　へ も
2．あの先生は日本から講演に（　　）。
　　―はい，そうです。
　　a．来るのですか　　b．行くのです　　c．来るのです
3．田中さんは病気（　　）休みました。
　　a．に　　　　　　b．で　　　　　　c．が
4．鎌倉はいいところです（　　），今日は忙しい（　　），行きません。
　　a．けれど　から　　b．から　けれど　　c．けれど　が
5．木村さんは映画を見に行くか（　　）まだ分かりません。
　　a．みないか　　b．いかないか　　c．みない
6．マリーさんが来るか（　　）か電話で聞きましょう。
　　a．きない　　　b．くない　　　c．こない

7. あしたはテストです（　　），今日は勉強します。
    a.が　　　　　　　b.から　　　　　　　c.けれど

八、根据课文回答下列问题。

1. 馬さんはクラブ活動で，どこへ行きますか。
2. 馬さんは何で鎌倉へ行くんですか。
3. あした，雨が降るでしょうか。
4. 鎌倉はどうして観光客が多いですか。
5. 講演は誰がしますか。
6. 馬さんは講演を聞きに行きますか。

九、根据范文，写一篇短文。说说明天要做的事情。

例：あしたは土曜日です。わたしは木村さんと鎌倉へ行きます。バスで行きます。佐藤さんは病気で行きません。残念です。鎌倉は有名なところですから，きっと人が多いでしょう。あしたは雨が降るかどうか分かりません。夜，天気予報を聞きます。

_____

_____

_____。

十、听录音，根据录音内容回答下面的问题。

質問：

1. 馬さんはいつ東京大学へ行きましたか。
    a.先週の土曜日　　b.今週の土曜日　　c.先週の日曜日
2. 何を聞きに行きましたか。
    a.先生の講演　　b.学者の講演　　c.友達の講演
3. マリーさんも行きましたか。
    a.行きました　　b.行きませんでした　c.分かりません

4．講演はどうでしたか。
　　a．長かったです
　　b．難しかったです
　　c．おもしろかったです

十一、按A、B角色练习会话。

A：嵐山は有名なところですから，観光客が多いでしょう。
B：ええ，きっとそうでしょう。
A：ところで，あしたも雨が降るでしょうか。
B：さあ，降るかどうか分かりません。
A：ああ，すぐ天気予報の時間ですよ。
B：そうですね。雨が降るかどうか聞きましょう。

十二、把下面的句子翻译成日语。

1．是不是坐新干线去还不知道。
2．坐公交车也可以，不知时间有没有问题。
3．因为下雨，哪儿也没去。
4．明天天气一定不错。
5．要不要给妈妈寄去点心，打电话问问姐姐吧。

補足単語

かんこう⓪ ［観光］	〈名・他动3〉	观光
いそがしい④ ［忙しい］	〈形1〉	忙
がいこくじん④ ［外国人］	〈名〉	外国人
きめる⓪ ［決める］	〈他动2〉	决定
みち② ［道］	〈名〉	道路
こうつうじこ⑤ ［交通事故］	〈名〉	交通事故
はなす② ［話す］	〈他动1〉	说，讲
まつ① ［待つ］	〈他动1〉	等，等待

第11課

しぬ⓪ ［死ぬ］	〈自動1〉	死，死亡
しぬ⓪ ［死ぬ］	〈自動1〉	死，死亡
よぶ⓪ ［呼ぶ］	〈他動1〉	叫
よむ① ［読む］	〈他動1〉	读
ひる② ［昼］	〈名〉	中午，白天
あさ① ［朝］	〈名〉	早晨，早上
よる① ［夜］	〈名〉	晚上
そうだん⓪ ［相談］	〈名・他動3〉	商量
おおそうじ③ ［大掃除］	〈名・他動3〉	大扫除
くらい⓪ ［暗い］	〈形1〉	暗
びょうき⓪ ［病気］	〈名〉	生病
やすむ② ［休む］	〈自動1〉	休息
とうきょうだいがく⑤ ［東京大学］	〈名〉	（校名）东京大学
さそう⓪ ［誘う］	〈他動1〉	约，邀

"慢餐"运动

1986年发祥于意大利的"慢餐"（スローフード/slow food）运动，正在为日本带来一场饮食革命。

所谓"慢餐"运动，指反对以"汉堡包"（ハンバーガー/hamburger）为代表的快餐食品（ファーストフード/fast food），提倡珍惜传统食文化，并悠闲享受用餐。因其倡导的饮食理念与人们的愿望空前一致，而成为日本媒体和民众的热门话题。

全球性"高速化社会"造就了"快节奏生活"。被时间追赶着的现代人为了赶上时代的步伐，必须大幅缩减睡眠、休息和用餐时间。有报道称，强制吃快餐导致患"快节奏生活病"的人数逐年增多。因此，"慢餐协会"（スローフード協会<ruby>協会<rt>きょうかい</rt></ruby>）呼吁：为了恢复人类正常生活，必须从导致灭亡危机的快节奏中自我解放出来。

1998年，日本"慢餐协会"在名古屋成立。协会强调：传统的个性化、多样化食品，材料丰富、品种多样、制作精细、味道鲜美，每个厨师的手艺也各有千秋，因此品尝传统饮食是一种艺术和味觉的享受。相反，快餐不但缺乏美食的视觉和味觉，而且营养成分单一，不利于健康。日本慢餐协会把以下三点作为他们的工作方针：①保护正在趋于消亡的乡土料理和高品质、小规模生产的食品；②保护提供高品质、原材料的小规模生产者；③对包括孩子在内的全体消费者进行"味觉"教育。

"慢餐"协会的标志是什么？（答案请在本课找）

第 12 課

どうぞ，楽にしてください

導入

1. 你知道到日本人家做客都有什么规矩吗？
2. 你知道哪几种日本料理？
3. 你知道日本人洗澡的方法吗？

本文

会話Ⅰ　お料理のほうをたくさん食べてください

小马接受佐藤邀请，住在佐藤家体验日本人的家庭生活。这天，佐藤妈妈做好了饭。

母親：さあ，お食事にしましょう。馬さんはここです。どうぞ。

馬　：はい，ありがとうございます。正座はこうするんですか。

佐藤：いいですよ。どうぞ，楽にしてください。

馬　：はい。では，いただきます。
　　　これは刺身ですね。中国では，魚はあまり生のままでは食べませんが。

母親：そうですか。これ，わさびです。醬油の中に入れてください。それに，つけて食べてください。

馬　：おいしいです。魚は体にいいですね。佐藤さんのお宅ではよく食べるんですか。

佐藤：そうですね。週に２，３回食べますね。これ，日本酒です。どうぞ。

馬　：いいえ，わたしは，お酒はだめなんです。

母親：そうですか。じゃ，お料理のほうをたくさん食べてください。

馬　：ありがとうございます。ところで，佐藤さんのお宅では，いつもお母さんの手料理ですか。

佐藤：そうですね。月に１回ぐらいは外へ食べに行きます。ねえ，お母さん。

新しい言葉Ⅰ

1. らく②［楽］　　　　　〈名・形2〉　　舒服，舒适
2. おりょうり②［お料理］　〈名〉　　　菜肴，饭菜（词典中多为"料理"，但日常会话中，特别是女性一般说"お料理"）。

3、	ほう①	〈名〉	（用于比较的）一方、方面
4、	ははおや⓪ [母親]	〈名〉	母亲
5、	しょくじ⓪ [食事]	〈名・自动3〉	吃饭，进餐
6、	せいざ⓪① [正座]	〈名・自动3〉	跪着坐
7、	こう⓪	〈副〉	这样，这样地
8、	では①	〈接〉	那么，那样
9、	さしみ③ [刺身]	〈名〉	生鱼片
10、	さかな⓪ [魚]	〈名〉	鱼
11、	なま① [生]	〈名・形2〉	（食物未经煮、烤过）生的
12、	まま②	〈名〉	原封不动，照旧
13、	わさび①	〈名〉	青芥辣，绿芥末
14、	しょうゆ⓪ [醤油]	〈名〉	酱油
15、	なか① [中]	〈名〉	里边，内部
16、	いれる⓪ [入れる]	〈他动2〉	放入，装进
17、	つける② [付ける]	〈他动2〉	蘸上，抹上
18、	からだ⓪ [体]	〈名〉	身体，身子
19、	しゅう① [週]	〈名〉	星期，周
20、	～かい [回]	〈量〉	～次
21、	にほんしゅ⓪ [日本酒]	〈名〉	日本酒
22、	おさけ⓪ [お酒]	〈名〉	酒（词典中多为"酒（さけ）"，但日常会话中，特别是女性一般说"お酒"）
23、	だめ② [駄目]	〈形2〉	不行，不合适
24、	じゃ①	〈接〉	那么
25、	おかあさん② [お母さん]	〈名〉	母亲，妈妈
26、	てりょうり② [手料理]	〈名〉	自家做的菜，亲手做的菜

| 27. つき②［月］ | 〈名〉 | 月，月份 |
| 28. ねえ① | 〈感〉 | （表示亲昵地招呼，用于确认或征得对方的同意）哎，是吧 |

会話Ⅱ　お風呂の入り方を教えてください

母親：お風呂の用意ができました。馬さんからどうぞ。

馬　：ありがとうございます。でも，日本のお風呂は初めてです。入り方を教えてください。

佐藤：じゃ，説明しましょう。先ず，湯船の外でお湯で体を流してください。それから，湯船に浸かってください。

馬　：せっけんは湯船の中で使ってもいいですか。

佐藤：いえ，せっけんは湯船の中では使わないでください。

馬　：はい，分かりました。日本のお風呂は深いですね。こんなにたくさんのお湯を使って，もったいなくないですか。

佐藤：いいえ，このお湯は家族全員が入ってから流しますから。

馬　：えっ？家族全員で？

佐藤：そうです。ですから，体をきれいにしてから入るんです。

馬　：なるほど。中国ではふつうシャワーだけですね。

新しい言葉 Ⅱ

29.	おふろ② [お風呂]	〈名〉	洗澡用热水；浴盆（词典中多为"風呂"，但日常会话中，特别是女性一般说"お風呂"）
30.	はいりかた④⑤ [入り方]	〈名〉	入浴方法
31.	おしえる⓪ [教える]	〈他动2〉	教，告诉
32.	ようい① [用意]	〈名・自他动3〉	准备，预备
33.	できる② [出来る]	〈自动2〉	做好，做完
	用意ができました	〈词组〉	准备好了
34.	せつめい⓪ [説明]	〈名・他动3〉	说明，解释
35.	まず① [先ず]	〈副〉	先，首先
36.	それから⓪	〈接〉	然后，其次
37.	ゆぶね① [湯船]	〈名〉	澡盆，浴盆
38.	おゆ⓪ [お湯]	〈名〉	热水（词典中多为"湯"，但日常会话中，特别是女性一般说"お湯"）
39.	ながす② [流す]	〈他动1〉	洗掉（污垢）
40.	つかる⓪ [浸かる]	〈自动1〉	（泡在水里）洗澡，泡澡
41.	せっけん⓪ [石鹸]	〈名〉	肥皂，香皂
42.	つかう⓪ [使う]	〈他动1〉	用，使用
43.	ふかい② [深い]	〈形1〉	深
44.	もったいない⑤	〈形1〉	可惜
45.	ぜんいん⓪ [全員]	〈名〉	全体人员
46.	はいる① [入る]	〈自动1〉	进入
47.	ですから①	〈接〉	因此，所以（是"だから"的郑重说法）
48.	なるほど⓪	〈副・感〉	的确，原来如此

49、ふつう⓪ [普通]　　　　〈名・副〉　　　一般，通常
50、シャワー① [shower]　　　〈名〉　　　　　淋浴

説明

一、コミュニケーション表現

1．いいですよ。

　　意为"不用了"。读降调。本课可以译为"请随便坐""（如果不习惯就）不用跪着坐了"。例如：
　　A：わたしが書きましょう。
　　B：いいですよ。

2．どうぞ，楽にしてください。

　　意为"请随便些"。"どうぞ"意为"请"，可以单独使用，省略后面的谓语。与"～てください"搭配使用，显得郑重、意思完整。可以译为"请～"。例如：
　　どうぞ，こちらへ来てください。
　　どうぞ，お菓子をたくさん食べてください。

3．いただきます。

　　"いただきます"是日本人习惯在饭前说的话，不仅在受别人招待时，即使在自己家里，甚至独自吃饭之前也说，以此来表示对招待方或大自然恩赐的感谢之意。在汉语里找不到相应的说法。一般可以译为"那就吃了""谢谢款待"等。饭后一般要说"ごちそうさま"，一般译为"吃好了""谢谢款待"等。

4．おいしいです。

　　意为"好吃""味道很好"。用来称赞食物好吃，有时更偏重寒暄之意。

5．ねえ，おかあさん。

意为"是吧，妈妈"。"ねえ"是把"ね"拉长一倍，表示强调的语气。用于亲昵地招呼对方，促使对方理解、认可或同意自己的想法、意见。

6．馬さんからどうぞ。

意为"小马先请""先从小马开始吧"。在日本人家里，洗澡时一般是先从爸爸开始，然后是孩子，再是妈妈。有客人的时候，一般先请客人第一个入浴，这是款待客人的礼节。

7．なるほど

意为"原来如此"。用于领悟、认同对方所说的内容或主张。例如：
A：わたしも天気予報を聞きませんでした。だから，あした，雨が降るかどうか分かりません。
B：なるほど。

二、文法

1．动词连用形②

本课学习动词的第二连用形。

动词词典形后续"て"，构成了第二连用形（也称"て形"），它常常用"Ｖて"来表示。"て"与动词接续的方法如下：

（1）动词1

当词尾为"く""ぐ"时，发生"い音变"。即：先把"く"或"ぐ"去掉，换成"い"，加"て"。当词尾为"ぐ"时，"て"要变成"で"。

当词尾为"う""つ""る"时，发生"促音变"。即：先把词尾"う""つ""る"去掉，换成促音符号"っ"，加上"て"。

当词尾为"ぬ""ぶ""む"时，发生"拨音变"。即：先把词尾"ぬ""ぶ""む"去掉，换成"ん"，加上"で"。

当词尾为"す"时，先把"す"去掉，换成"し"，加上"て"。

（2）动词2

把最后一个假名"る"去掉，换成"て"。

（3）动词3

サ变动词是把词尾"する"去掉，换成"し"，加"て"；カ变动词是把"来る"变成"来<ruby>き</ruby>"，加"て"。

各类动词的变化方法如下表：

动词1	第二连用形	动词2	第二连用形	动词3	第二连用形
書く	書いて	見る	見て	する	して
脱ぐ	脱いで	起きる	起きて	勉強する	勉強して
買う	買って	教える	教えて	来る	来て
待つ	待って				
降る	降って				
死ぬ	死んで				
呼ぶ	呼んで				
読む	読んで				
話す	話して				

2. 接续助词　て①②

"て"接在动词之后，构成动词第二连用形（也称"て形"）。在句子中用于连用修饰语，可以表示如下意思：

（1）て①

表示行为的方法和手段。例如：

醤油をつけて食べてください。

このテキストを使って日本語を勉強します。

朝早く起きて，部屋の大掃除をします。

（2）て②

表示原因和理由。例如：

こんなにたくさんのお湯を使って，もったいなくないですか。

たくさんのお客さんが来て，とてもにぎやかです。

約束の時間に遅れて，すみません。

3. 形容词2的连用形②

本课学习形容词2的第一连用形。它是将简体非过去时的肯定形式中的词尾"だ"换成"に"，在句中做连用修饰语，用来修饰用言。如下表：

简体非过去时的肯定形式	第一连用形
楽だ	楽に
きれいだ	きれいに
静かだ	静かに

例如：

体をきれい**に**してから入るんです。

どうぞ楽**に**してください。

みなさん，静か**に**してください。

4. 格助词　に⑥⑦

"に"⑥接在体言后面，表示动作、行为的方向。例如：

あした，東京**に**行きます。

母と一緒に家**に**帰ります。

"に"⑦接在体言后面，表示动作、作用的归着点。例如：

わさびを醤油の中**に**入れてください。

木村さんは家族の写真を本の中**に**入れました。

5. 副助词　だけ①

接在体言后面，表示对数量和范围的限定。一般可以译为"只有～"、"仅仅～"。例如：

6本**だけ**でよろしいですか。

留学生**だけ**無料です。

今度**だけ**お金をあげます。

6. 助词重叠形式　では

"では"是格助词"で"和提示助词"は"的重叠，接在体言后面，提示主题，表示一定的范围。一般可以译为"在～"。例如：

中国**では**ふつうシャワーだけです。

湯船の中**では**せっけんを使ってもいいですか。

佐藤さんのお宅**では**いつもお母さんの手料理です。

7. 接续词

（1）ですから

"ですから"用于连接两个句子，表示因果关系，是"だから"的郑重说法。一般可以译为"因为～所以～"。例如：

このお湯は家族全員が使います。**ですから**、体をきれいにしてから入るんです。

昨日は雨が降りました。**ですから**、どこへも行きませんでした。

あしたは母の誕生日です。**ですから**、父と一緒にプレゼントを買いに行きます。

（2）それから

"それから"用来连接两个或两个以上的句子，表示顺序，有时也有补充、附加之意。一般可以译为"然后～""还有～"。例如：

まず、外で体を流して、**それから**湯船に入ってください。

馬さん、佐藤さん、**それから**木村さんは、今教室にいます。

今日は教育学部、人文学部、工学部**それから**生協へも行きました。

（3）では（じゃ）

用于句首，表示转换话题，意为"那么"。"では"既可用于书面也可以用于口语，使用范围比较广泛；"じゃ"一般用于口语，使用对象多是平辈人、晚辈人。例如：

では、みんなで教室をきれいにしましょう。

じゃ、今日はお母さんの手料理にします。

では、いただきます。

8. 接续助词　が②

"が"接在用言终止形后面,以此来结束句子,做终助词使用。表示委婉的语气,暗示后续的相反的内容。例如:

中国ではふつう、魚は生のままでは食べません**が**。

今日は忙しくていっしょに行きません**が**。

この助詞の使い方は難しくて、僕には分かりません**が**。

9. こそあど系列词汇④　こう　そう　ああ　どう

近称	中称	远称	疑问称
こう	そう	ああ	どう
这样,这么	那样,那么	那样,那么	怎样,如何

这是一组副词,在句中做连用修饰语,用于修饰用言。例如:

正座は**こう**するんですか。

そうしてください。

先生のお名前は**どう**書きますか。

"ああ"多用于固定的说法,如:"**ああ**でもない、**こう**でもない。"意为"这样做也不是,那样做也不是"。

10. 数词和量词④

（1）～回

"回"接在数词后,表示次数,相当于汉语的"～次"、"～回"。

1回　いっかい	2回　にかい	3回　さんかい
4回　よんかい	5回　ごかい	6回　ろっかい
7回　ななかい	8回　はちかい/はっかい	9回　きゅうかい
10回　じっかい/じゅっかい	11回　じゅういっかい	24回　にじゅうよんかい
30回　さんじっかい/さんじゅっかい	100回　ひゃくかい/ひゃっかい	何回　なんかい

（2）～月

"～月"是"～月份"的说法。

1月　いちがつ	2月　にがつ	3月　さんがつ
4月　しがつ	5月　ごがつ	6月　ろくがつ
7月　しちがつ	8月　はちがつ	9月　くがつ
10月　じゅうがつ	11月　じゅういちがつ	12月　じゅうにがつ

何月　なんがつ

（3）～か月

"～か月"是"～个月"的说法。

1か月　いっかげつ	2か月　にかげつ	3か月　さんかげつ
4か月　よんかげつ	5か月　ごかげつ	6か月　ろっかげつ
7か月　ななかげつ	8か月　はちかげつ/ はっかげつ	9か月　きゅうかげつ
10か月　じっかげつ/ じゅっかげつ	11か月　じゅういっかげつ	何か月　なんかげつ

三、文型

1．まず～，それから～

用于表示列举事物或行为的先后顺序。一般可以译为"先～，然后再～"。例如：

まず，湯船の外で体を流してください。**それから**湯船に入ってください。

まず靴を脱いで，**それから**家の中へ入ります。

食事の後，**まず**新聞を読みます。**それから**勉強します。

2．～てから～

"てから"接在动词后面，表示两个动作的先后顺序。接续方法与"て"相同。一般可以译为"～之后，再～"。例如：

家族全員が入って**から**流します。

体をきれいにして**から**湯船に入ります。

食事をして**から**勉強します。

3．～にします

接在体言后面，用于选择或决定事物。一般可以译为"要～""定为～"，有时也可以不译出。例如：

お食事**にしましょう**。

今日は何**にしますか**。

私は赤いセーター**にします**。

4．～てください／～ないでください

"～てください"接在动词后面，接续方法与"て"相同。用于请求别人做什么事情。一般可以译为"请～"。"～ないでください"是"～てください"的否定形式，与"ない形"的接续方法相同，表示禁止做什么事情。一般可以译为"请不要～""请别～"。例如：

お風呂の入り方を教え**てください**。

教室をきれいにし**てください**。

あの店で刺身を買わ**ないでください**。

今日は寒いから，外へ行か**ないでください**。

四、解釈

1．お料理のほうをたくさん食べてください。

意为"那就请多吃菜"。"ほう"在这里暗含与"お酒"相比较之意。

2．せっけんは湯船の中で使ってもいいですか。

意为"在浴盆里可以打肥皂吗？"。"～てもいい"是"即使～也～""可以～"的意思。

3．中国では魚はあまり生のままでは食べませんが。

意为"在中国，鱼是不怎么生吃的……"。"生のまま"表示保持原来的状态不变，这里指不做任何加工的意思。

練習

一、用正确的语音语调大声朗读下列句子。
1．さあ，お食事にしましょう。
2．どうぞ，楽にしてください。
3．お料理のほうをたくさん食べてください。
4．せっけんは湯船の中では使わないでください。
5．なるほど。中国ではふつうシャワーだけですね。

二、在下列日文汉字上标注假名。

食事　　正座　　刺身　　醤油　　料理

お風呂　用意　　教える　流す　　普通

三、在下列画线的假名下写出日文汉字。

はいる　　なま　　らく　　さかな　　のむ

おたく　　からだ　ゆぶね　つかう　　ふかい

四、在空白处填写出下列动词的活用形式。

词例	てください	ないでください
買う	買ってください	買わないでください
待つ		
浸かる		
死ぬ		
呼ぶ		
読む		
話す		
見る		
食べる		
来る		
勉強する		

五、按要求进行动词分类，并写出其"て形"。

くれる　もらう　利用する　住む　書く　選ぶ
食べる　分かる　待つ　　　使う　来る　起きる

例：
动1：もらう→もらって

六、看图，仿照例句，做替换练习。

例1：写真を撮る・ご飯を食べる。

→a．まず写真を撮ってください。それからご飯を食べてください。
→b．写真を撮ってからご飯を食べてください。

1．集まる・行く

　　→a．
　　→b．

2．講演を聞く・記念撮影をする

　　→a．
　　→b．

3．プレゼントを選ぶ・届けに行く

→a．

→b．

例2：雨が降る・行く

→雨が降るから，行かないでください。

1．忙しい・来る→

2．人が集まらない・先に食べる→

3．観光客でいっぱいだ・写真を撮る→

例3：部屋には2人しかいません。

→部屋には2人だけいます。

1．先生は留学生にしか教えません。→

2．わたしは魚しか食べません。→

3．わたしは日本語しか分かりません。→

例4：電車に乗る・嵐山へ行く

→電車に乗って嵐山へ行きます。

1．馬さんは木村さんを誘う・写真を撮る→

2．醤油をつける・さしみを食べる→

3．トムさんを呼ぶ・講演を聞きに行く→

七、从a、b中选择其一写在横线上。

1．寒くなります。＿＿＿＿＿マフラーを買いました。

　　a．ですから　　　　　　b．それから

2．マフラーを買います。＿＿＿＿＿セーターも買います
　　　a．ですから　　　　　　　　b．それから
3．赤いマフラーが好きです。＿＿＿＿＿赤いのを買いました。
　　　a．ですから　　　　　　　　b．それから

八、填空。

1．A：正座は（　　）するんですか。
　　B：こうするんですよ。
　　　a．こう　　　b．そう　　　c．ああ　　　d．どう
2．A：刺身は醤油をつけて食べるんですか。
　　B：はい，（　　）してください。
　　　a．こう　　　b．そう　　　c．ああ　　　d．どう
3．A：木村さんの名前は日本語でどう書きますか。
　　B：そうですね。（　　）書くんでしょうね。
　　　a．こう　　　b．そう　　　c．ああ　　　d．どう
4．部屋を（　　）してから出かけます。
　　　a．きれいだ　b．きれいな　c．きれいに　d．きれいで
5．肉（　　）食べないのですか。それは体によくないですよ。
　　　a．しか　　　b．と　　　　c．が　　　　d．に
6．野菜は健康（　　）いいから，たくさん食べてください。
　　　a．で　　　　b．から　　　c．が　　　　d．に
7．日本語は（　　）ひらがなから習いました。
　　　a．じゃ　　　b．まず　　　c．それから　d．後で
8．皆揃いましたね。（　　）乾杯しましょう。
　　　a．あとで　　b．それから　c．まま　　　d．じゃ

九、根据课文回答下列问题。

1．日本人は食事の前に何を言ってから食べますか。
2．中国では魚は生のままで食べますか。
3．刺身は何をつけて食べますか。

4．日本人は湯船の中でせっけんを使いますか。
5．日本のお風呂にはなぜお湯がたくさん入っているのですか。

十、听录音，根据录音内容回答下面的问题。

質問：
1．馬さんはいつ佐藤さんの家へ行きましたか。
2．佐藤さんは馬さんの先生ですか，友達ですか。
3．馬さんは佐藤さんの家で何を食べましたか。
4．正座はどうでしたか。
5．日本のお風呂の入り方は中国と同じですか。

十一、按角色练习会话。

母：食事をしましょう。馬さん，ここに座ってください。
馬：ありがとうございます。正座を教えてください。
母：いいですよ。楽にしてください。
馬：ありがとうございます。では，いただきます。

十二、把下面的句子翻译成日语。

1．现在中国的家庭里一般只有一个孩子。
2．请随便些。
3．别把水放了，那太浪费了。

補足単語

ぬぐ① ［脱ぐ］	〈他动1〉	脱，脱掉
テキスト①② ［text］	〈名〉	教科书，教材
やくそく⓪ ［約束］	〈名・自他动3〉	约定
かえる① ［帰る］	〈自动1〉	回，回家
そと① ［外］	〈名〉	外面

おくれる⓪ ［遅れる］	〈自動2〉	迟到，耽误
むりょう⓪ ［無料］	〈名〉	免费，不要钱
こんど① ［今度］	〈名〉	此次，这次
くつ② ［靴］	〈名〉	鞋
さきに⓪① ［先］	〈副〉	刚才，先
にく⓪ ［肉］	〈名〉	肉
ひらがな③⓪	〈名〉	平假名
そろう② ［揃う］	〈自動1〉	齐全；到齐
かんぱい⓪ ［乾杯］	〈名・动3〉	干杯
ならう② ［習う］	〈他动1〉	学
いたい② ［痛い］	〈形1〉	疼
ちがう⓪ ［違う］	〈自動1〉	不同
すわる⓪ ［座る］	〈自動1〉	坐，坐下

日本人与酒

　　日本人的生活总离不开酒。新年会（新年会〔しんねんかい〕）、忘年会（忘年会〔ぼうねんかい〕）、同学会及工作告一段落的聚会，赏花酒、越夏酒、赏月酒、赏雪酒……，名正言顺喝酒的理由很多。另外，以"阪神赢了""今天理发店休息"等事由，根据当时的心情，也随时可以制造喝酒的机会。其中，不乏以情感交流和交际需要为目的而饮酒的人。对于这些人而言，饮酒已经成为工作的一部分，下班后经常和同事出去喝一杯，有时甚至连喝几家酒馆。据日本国税厅统计资料，2012年日本成人对酒的年平均消费量大约为82.2公升。

　　自古以来，日本人乐以美酒为伴。古时饮酒除宗教因素外，大都为了庆祝什么事情。如今，不仅可以不受时间、地点、原因的限制去饮酒，还有很多人是为了交际，为了释放心中的不快、压力去饮酒。

　　日本人喝的酒种类很多，一般以啤酒、日本酒（清酒〔せいしゅ〕）、烧酒和葡萄酒为主。啤酒是在19世纪末引进日本的，虽然历史不长，但现在最受欢迎，消费量一直处于酒类之冠。日本酒是传统酒，被日本人奉为国酒。因此，日本人说酒的时候，通常是指日本酒。

　　近年来，随着日本人对酒的依赖度的提高，因酗酒导致疾病、交通事故、犯罪等负面影响也日渐突出。因此，专家呼吁必须为饮酒制定规则，以制止负面影响的继续加大。

你知道日本酒必须以哪种粮食为原料吗？
（答案请在本课找）

第 13 課

みんなはいろいろなこと
をやっていますね

導入

1. 你知道日本的大学节都有哪些活动吗?
2. 你能用日语说出大家都在干什么吗?
3. 你是怎样学日语的?

本文

会話Ⅰ　水ギョーザを作っています

　　小马和木村来到大学节期间由各国留学生办的国际美食街。

木村：馬さんは日本の大学祭は初めてですか。

馬　：ええ，初めてです。みんなはいろいろなことをやっていますね。

木村：そうですね。ほら，こちらは中国料理の屋台。みんなで水ギョーザを作っていますね。

馬　：そうですね。木村さん，水ギョーザは好きですか。

木村：大好きです。皮から作っていますね。

馬　：ええ。水ギョーザはわたしの「外交メニュー」ですよ。

木村：外交メニュー？

馬　：つまり，わたしは友だちを招待するときは，必ず水ギョーザを作ります。水ギョーザに中国のお酒，最高ですよ。

木村：なるほど。みんなで食べながら，おしゃべりするのはきっと楽しいでしょう。今度，わたしも呼んでください。

馬　：はい。必ず誘います。

木村：ありがとうございます。それじゃ，ほかの屋台を回ってから，もう一度ここに戻って，水ギョーザを食べましょう。

馬　：はい，そうしましょう。

新しい言葉 I

1.	みんな ⓪③	〈名・副〉	全，全体
2.	こと ② ［事］	〈名〉	事，事情
3.	やる ⓪	〈他動1〉	做，干
4.	すいぎょうざ ③ ［水ギョーザ］	〈名〉	水饺
5.	つくる ② ［作る］	〈他動1〉	做，制作，弄
6.	だいがくさい ④⓪ ［大学祭］	〈名〉	大学节

7.	ちゅうごくりょうり⑤ [中国料理]	〈名〉	中国菜，中国饭菜
8.	やたい① [屋台]	〈名〉	摊子，货摊位
9.	かわ② [皮]	〈名〉	皮，外皮
10.	がいこう⓪ [外交]	〈名〉	外交
11.	メニュー① [menu]	〈名〉	菜单，菜谱
	がいこうメニュー⑤ [外交menu]	〈词组〉	外交菜谱
12.	つまり①	〈接〉	总之，也就是
13.	しょうたい① [招待]	〈名・他动3〉	招待，邀请
14.	かならず⓪ [必ず]	〈副〉	一定，必定
15.	さいこう⓪ [最高]	〈名〉	最好的，最高，至高无上
16.	おしゃべり②	〈自动3〉	闲聊
17.	こんど① [今度]	〈名〉	下回，下次
18.	よぶ⓪ [呼ぶ]	〈他动1〉	叫，呼唤；邀请
19.	さそう⓪ [誘う]	〈他动1〉	约，邀请
20.	それじゃ③	〈接〉	那么
21.	まわる⓪ [回る]	〈自动1〉	转，绕着转
22.	もういちど⓪ [もう一度]	〈副〉	再一次
23.	もどる② [戻る]	〈自动1〉	返回

会話Ⅱ　中国の大学へ行って勉強しました

　　木村和小马都要去参加大学节期间举办的汉语演讲比赛。木村是参赛者，小马是评委。早上他们在校门口相遇，俩人边走边交谈。

木村，馬：おはようございます。

第 13 課

馬　　　：木村さん，早いですね。

木村　　：ええ，いつもより1時間も早く家を出ました。

馬　　　：何時に起きましたか。

木村　　：6時です。起きてから，急いで支度をしました。
　　　　　6時半ごろ，電車に乗りました。

馬　　　：どこに住んでいますか。

木村　　：飯田橋です。今日は中国語で発表するので，早く来ました。とても緊張しています。

馬　　　：大丈夫ですよ。木村さんは中国語が上手ですから。

木村　　：とんでもない。

馬　　　：木村さんの中国語は，大学以外のどこかで勉強したのですか。

木村　　：いいえ，大学以外では勉強していません。でも，去年の夏休みに中国の大学へ行って勉強しました。

馬　　　：なるほど。じゃあ，頑張ってください。

木村　　：頑張ります。谢谢！

新しい言葉 II

24. はやい②　［早い］　　　　〈形1〉　　　早
25. ～じかん　［時間］　　　　〈量〉　　　～小时，～钟头
26. はやく①　［早く］　　　　〈副〉　　　早，早就

27、	でる①［出る］	〈自动2〉	出，出去；出席
28、	おきる②［起きる］	〈自动2〉	起床
29、	いそぐ②［急ぐ］	〈自动1〉	赶快，急
30、	したく⓪［支度］	〈名・自他动3〉	预备，准备
31、	～ごろ①［頃］	〈后缀〉	～时分，～前后，～左右
32、	のる⓪［乗る］	〈自动1〉	乘坐，搭乘
33、	すむ①［住む］	〈自动1〉	居住
34、	いいだばし③［飯田橋］	〈名〉	（地名，位于东京都文京区）饭田桥
35、	ちゅうごくご⓪［中国語］	〈名〉	中文，汉语
36、	はっぴょう⓪［発表］	〈名・自他动3〉	发表，发布
37、	きんちょう⓪［緊張］	〈名・自动3〉	（神经、气氛等）紧张
38、	じょうず③［上手］	〈名・形2〉	好，高明，擅长
39、	いがい①［以外］	〈名〉	以外，此外
40、	なつやすみ③［夏休み］	〈名〉	暑假

説明

一、コミュニケーション表現

1. はい，そうしましょう。

意为"好，就那样吧"，用来表示赞成别人的意见或建议。例如：

A：あとでもう一度天気予報を聞きましょう。
B：はい，そうしましょう。

2．とんでもない。

意为"哪里的话""没关系""不客气""还差得远呢"。一般用于同辈人对自己表示赞扬或感谢时的回应。例如：

A：日本語が上手ですね。
B：とんでもない。

3．じゃあ，がんばってください。
　　——がんばります。

"じゃあ，がんばってください"，意为"那么，请加油！""那，请努力！"。日本人经常用"頑張る"这个词来鼓励他人或共勉，但不能用于比自己辈分高的人。为了表示不辜负对方的好意和自己的谢意，常用"がんばります"回答，意为"我一定要努力"、"我会努力的"。

二、文法

1．动作的持续体 "ている" ①

"ている"接在动词后面，与"て"的接续方法相同。它本身的活用变化按动词2活用变化规则进行，敬体形式是"ています"。"ている"表示说话时点上正在进行的动作或持续的状态。一般可以译为"正在～""在～呢"。例如：

みんなで水ギョーザを作っ**ています**。（持续的动作）

馬さんは今，本を読ん**でいます**。（持续的动作）

すぐわたしの発表になりますので，とても緊張**しています**。（持续的状態）

木村さんは飯田橋に住ん**でいます**。（持续的状态）

例句中的"作る""読む"表示动作的持续，它们后续"ています"表示"说话时点上正在进行的动作"；"緊張する""住む"是瞬间可以完成的动作，它们后续"ています"表示"动作完成后持续的状态"。

"ている"的否定形式是"ていません"，前边经常与副词"まだ"搭配使用，表示这一动作或状态尚未进行或出现。例如：

わたしは**まだ**昼食を取っ**ていません**。

そのことは**まだ**先生に話し**ていません**。

今日の新聞は**まだ**読ん**でいません**。

2. 格助词

（1）に⑧⑨

"に"⑧接在体言后面，表示先后两者的并列、添加关系。可以译为"和""及"。例如：

わたしにはいい友だちが3人います。馬さん，李さん**に**木村さんです。

水ギョーザ**に**お酒は最高です。

佐藤さんからセーター**に**ケーキをもらいました。

"に"⑨接在体言后面，表示事物、物体留在或附着在某处。例如：

ここ**に**名前を書いてください。

本を机の上**に**置きました。

木村さんは飯田橋**に**住んでいます。

（2）を②

"を"接在表示场所的体言后面，在句中做补语。它与具有离开、移动等意义的自动词搭配使用，表示离开或移动的场所。例如：

彼女は6時に家**を**出ました。

兄は今年の7月に大学**を**卒業しました。

彼らはいろいろな国の料理の屋台**を**回っています。

3. 接续助词

（1）て③

接在动词后面，构成动词第二连用形（"て形"）。表示动作、行为的先后顺序。例如：

ほかの屋台を回ってから，もう一度ここに戻っ**て**，水ギョーザを食べましょう。

朝7時に家を出**て**，電車に乗りました。

今日，疲れたので，お風呂に入っ**て**すぐ寝ました。

（2）ながら①

"ながら"接在动词第一连用形后面，与接"ます"的方法相同，表示同一主体同时进行的两个动作。（详见"文型"）

4．后缀：ごろ

接在与时间、日期相关的体词后，表示大概的时间、日期。为了加强语气，"ごろ"后面可以加"に"。一般译为"大约""前后""左右"。例如：

朝9時半**ごろ**電車に乗りました。

毎日8時**ごろ**に起きます。

それは12月**ごろ**のことでした。

5．接续词　つまり

用于后一个分句或词组的句首，表示对前一个分句或词组的说明、补充或归纳。可以译为"即～""也就是说～"。例如：

水ギョーザはわたしの「外交メニュー」です。**つまり**，わたしはよく水ギョーザで友達を招待します。

いとこ，**つまり**父のおとうとの息子で，今大学の3年生です。

6．こそあど系列词汇5　こちら　そちら　あちら　どちら

近称	中称	远称	疑问称
こちら	そちら	あちら	どちら
这边	那边	那边	哪边

这是一组指示代词，属于体言，用来指代方位或场所，在句中可以做主语或谓语。另外，它还用于指代人。例如：

こちらは中国料理の屋台です。

そちらは馬さんです。

あちらは千曲川です。

木村さんは今**どちら**にいますか。

三、文型

～ながら，～ます

"ながら"接在动词第一连用形的后面，表示同一主体同时进行的两个动作。一般可以译为"一边～，一边～"。例如：

留学生たちはギョーザを食べ**ながら**，大学のことを**話しています**。
わたしはいつも音楽を聞き**ながら**，部屋の掃除を**します**。
馬さんはご飯を食べ**ながら**，テレビを**見ています**。

一、用正确的语音语调大声朗读下列句子。

1．みんなで水ギョーザを作っていますね。
2．それじゃ，ほかの屋台を回ってから，もう一度ここに戻って，水ギョーザを食べましょう。
3．はい，そうしましょう。
4．どこに住んでいますか。
5．じゃあ，頑張ってください。

二、在下列日文汉字上标注假名。

| 勉強 | 時間 | 作る | 今度 | 支度 | 電車 |

| 必ず | 去年 | 発表 | 上手 | 頑張る | お酒 |

三、在下列画线的假名下写出日文汉字。

<u>で</u>る　　<u>も</u>どる　　<u>お</u>きる　　<u>の</u>る　　<u>す</u>む

<u>きんちょう</u>　<u>なつやすみ</u>　<u>しょうたい</u>　<u>がいこう</u>　<u>さいこう</u>

四、仿照例句，做替换练习。

例1：朝早く起きる・大きい声で会話を読む
　　→朝早く起きて，大きい声で会話を読みます。
1．朝早く中国料理の屋台へ来る・ギョーザを作る→
2．夜早く家に戻る・宿題をやる→
3．6時に起きる・急いで旅行の支度をする→

例2：マリーさん・みんなの前・論文・発表する
　　→マリーさんはみんなの前で論文を発表しています。
1．佐藤さん・生協・セーター・選ぶ→
2．馬さん・公園・写真・撮る→
3．鈴木先生・教室・日本語・教える→

例3：早く起きる。→早く起きましょう。
1．ローラさんといっしょに行く。→
2．中国料理を食べてから韓国料理を食べる。→
3．あの映画はおもしろいから，もう一度見る。→

例4：木村さんはＣＤを聞く・宿題をやる
　　→木村さんはＣＤを聞きながら，宿題をやります。
1．父はラジオを聞く・新聞を読む→
2．あの2人は話す・友達の誕生日祝いを選ぶ→
3．佐藤さんは歌う・部屋の大掃除をする→

五、从下面句子中找出与例句中画线的助词含义相同的句子来。

例1：日本酒に刺身、それは最高ですね。

1．電車に乗って家へ帰りました。
2．生協でボールペンにノートを買いました。
3．花を机の上に置きました。
4．馬さんは北京の郊外に住んでいます。

例2：わたしは毎日6時半ごろに家を出ます。

1．朝起きてから、まずテレビでニュースを見ます。
2．大学を卒業して、すぐ日本に留学しました。
3．雨が降っているので、傘を持って出かけました。
4．病気で学校を休んでいます。

六、仿照例句，替换下列画线部分。

例：馬さんはギョーザを作っています。
　→馬さんはギョーザを作っていません。

1．お母さんはセーターを編んでいます。→
2．お父さんは新聞を読んでいます。→
3．兄は怒っています。→

七、填空。

1．私はよく水ギョーザ（　）作って友だち（　）招待します。
　　a．を　を　　b．に　に　　c．で　で
2．みんなは水ギョーザの皮（　）作っています。
　　a．が　　　　b．から　　　c．に
3．ほかの店（　）回ってから、どれ（　）するかを決めましょう。
　　a．が　に　　b．に　を　　c．を　に
4．いつも（　）早く家（　）出ました。
　　a．より　を　　b．から　に　　c．は　も

5．佐藤さんは電車（ ）乗って買い物（ ）行きました。
   a．で に　　　b．に に　　　c．に を
6．トムさんはアメリカ（ ）ワシントン（ ）住んでいます。
   a．で で　　　b．に に　　　c．の に
7．A：彼は子どもの時から英語を勉強しています。
   B：（ ）。だから上手なんですね。
   a．なるほど　　b．でも　　　c．つまり
8．父の姉の娘，（ ）わたしのいとこも日本に留学しています。
   a．急いで　　　b．いつも　　c．つまり
9．朝起きてから，（ ）旅行の支度をしました。
   a．急いで　　　b．いつも　　c．つまり
10．講演会は１時半（ ）始まります。。
   a．ぐらい　　　b．ごろ　　　c．で

八、根据课文内容回答下列问题。

1．大学祭ではふつう何がありますか。
2．馬さんの「外交メニュー」は何ですか。
3．馬さんと木村さんはいつ，どこでギョーザを食べますか。
4．木村さんはいつも何時ごろに家を出ますか。
5．木村さんはどうして緊張していますか。
6．木村さんは大学以外のどこで中国語を勉強しましたか。

九、听录音，根据录音内容回答下面的问题。

質問：

1．朝，馬さんはどこへ行きましたか。
   a．スーパー　　b．友達の家　　c．大学祭
2．馬さんはどこの料理が好きですか。
   a．中国料理　　b．インド料理　c．日本料理
3．木村さんはどの屋台で食べましたか
   a．中国料理　　b．インド料理　c．日本料理

十、看图，按A、B角色练习会话。

例：

A：この留学生は何をしていますか。
B：この留学生は日本語で発表しています。

1.

A：
B：

2.

A：
B：

3.

A：
B：

4.

A：
B：

第 13 課

5.

お父さん、お母さん、お姉さん／
ギョーザを作っています

6.

馬さん／マフラーを選んでいます

A：
B：

A：
B：

十一、把下面的句子翻译成日语。

1．日本人经常吃鱼。
2．因为明天要用日语发表，所以现在很紧张。
3．你的日语那么好，没关系。
4．我住在离学校很近的地方。
5．小马正在用日语写作业。

補足単語

おく⓪［置く］	〈他动1〉	放，放置
いとこ②	〈名〉	堂兄弟（姐妹），表兄弟（姐妹）
むすこ⓪［息子］	〈名〉	儿子
おんがく①［音楽］	〈名〉	音乐
りょこう⓪［旅行］	〈名・自动3〉	旅行
ろんぶん⓪［論文］	〈名〉	论文
かんこくりょうり⑤［韓国料理］	〈名〉	韩国料理
かさ①［傘］	〈名〉	伞
もつ①［持つ］	〈他动1〉	拿

あむ① ［編む］	<他动 1>	编织
おこる② ［怒る］	<自他动 1>	发怒，恼怒，生气
うたう⓪ ［歌う］	<他动 1>	唱，唱歌
ワシントン② ［Washington］	<名>	华盛顿

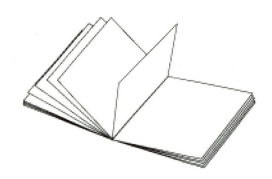

第 13 課

日本的沐浴文化

日本人是世界上少有的喜欢沐浴的民族。洗澡，对于他们来说就像一日三餐那样必不可少。日本某公司进行的调查结果显示（2013年7月）：日本人每天洗澡的人数达84.1%，甚至有7.1%的人每天洗两次澡。

在日本，沐浴既有宗教上的意义，又有卫生保健方面的功能，更是一种娱乐和享受。通过沐浴可以恢复精神、舒缓压力、体会在娘胎里被羊水包裹着的自然的感觉。自古以来，澡堂（錢湯 せんとう）还是款待客人和娱乐社交的场所。在这里，无论是朋友还是素昧平生的人，都可以轻松自由地交往。这种交往不带任何社会背景、等级差别，完全是"个人"之间的"无遮无掩的交往"（裸（はだか）の付き合い），它使人忘却高低贵贱，升华到一种无欲无求的佛教境地。

日本的澡堂大致有三种形式：家庭浴室、公共浴池和温泉浴池。近年来，随着家庭浴室环境和条件的不断改善，公共浴池昔日的门庭若市不再重现，倒是温泉"热"度不减，并继续保持上升势头。

日本人入浴十分讲究，也有很多规矩：要全身洗净后再进入浴池浸泡；往身上浇水时要尽量压低姿势，以免溅到他人；人多时互相谦让水龙头；不在浴池洗头、洗脸；也不能在浴池内洗毛巾，更不能穿着内衣下浴池……。这些规矩都体现了日本人尽量不影响他人、不给人添麻烦的理念。

你知道父亲、母亲、儿子、女儿这样的四口之家入浴的先后顺序吗？（答案请在本课找）

第 14 課

今後の勉強に必要だと思いますから

導入

1. 你经常边听音乐边学习吗？这样的句子用日语怎么说？
2. 表述自己的观点时经常用"我觉得""我认为"，你知道用日语怎么说吗？
3. 你知道怎样用日语转达别人的话吗？

本文

会話 I　本で調べたり，日本人の友達に聞いたりします

第 14 課

　　星期天，小马边听CD边练习打字，汤姆来到她的身边。

トム：馬さん、いつもCDを聞きながら、勉強していますね。

馬　：ええ、まあ。日本語入力をしています。

トム：日本語入力？パソコンを使って、日本語の文章を書くということですか。

馬　：はい、そうです。

トム：難しいですか？

馬　：ええ、難しいですが、今後の勉強に必要だと思いますから。

トム：それはそうですね。でも、分からないことがあったら、どうしますか。

馬　：本で調べたり、日本人の友達に聞いたりします。

トム：そうですか。いつか僕にも教えてください。

馬　：ええ、いいですよ。ほら、見て。これはわたしが入力した手紙です。

新しい言葉Ⅰ

1. こんご⓪① ［今後］　　　　〈名〉　　　　今后，将来
2. おもう② ［思う］　　　　　〈他动1〉　　认为，以为；觉得
3. しらべる③ ［調べる］　　　〈他动2〉　　调查，查阅
4. にほんじん④ ［日本人］　　〈名〉　　　　日本人
5. シーディー③ ［CD］　　　〈名〉　　　　CD，激光唱片
6. まあ①　　　　　　　　　　〈副〉　　　　就算是；还可以
7. にゅうりょく⓪① ［入力］　〈名・自动3〉　输入
8. パソコン⓪
　　　［personal computer］　　〈名〉　　　　个人用电脑，计算机

9.	ぶんしょう① ［文章］	〈名〉	文章
10.	いう⓪ ［言う］	〈他动1〉	称，叫作；说，讲
11.	こと②	〈形名〉	（以"ということ"的形式接在名词或动词、形容词连体形后）表示说明
12.	いつか①	〈副〉	（表示不确定的时间）什么时候
13.	てがみ⓪ ［手紙］	〈名〉	信，书信

会話Ⅱ　日本の物価について調べました

星期一早晨，上日语课前，老师、同学们都到了，只有汤姆没来。

先生：あら、トムさんはまだ来ませんね。どうかしたんですか。

馬　：先生、トムさんはさっき、「頭が痛い」と言っていました。

先生：そうですか。大丈夫でしょうか。

馬　：ええ、「もう薬を飲んだ」と言っていましたから、心配ないと思います。

先生：じゃあ、「お大事に」とトムさんに伝えてください。

馬　：はい、分かりました。そう伝えます。

先生：ところで、皆さんは昨日、何をしましたか。

第 14 課

馬　　：わたしはスーパーへ行って，日本の物価について調べました。

先生：いいことをしましたね。

馬　　：「日本の物価について」という経済学の宿題があったからです。

先生：いつか調べた結果をみんなの前でも発表してください。

馬　　：はい，分かりました。

新しい言葉 Ⅱ

14.	ぶっか⓪［物価］	〈名〉	物价
15.	あたま③［頭］	〈名〉	头，脑袋
16.	いたい②［痛い］	〈形1〉	疼，疼痛
	頭が痛い	〈词组〉	头疼，头痛
17.	くすり⓪［薬］	〈名〉	药
18.	のむ①［飲む］	〈他动1〉	喝，吃
	薬を飲む	〈词组〉	吃药
19.	しんぱい⓪［心配］	〈名・形2・自动3〉	担心，挂念，不安
	心配ない	〈词组〉	不必担心，不用挂念
20.	だいじ⓪［大事］	〈名・形2〉	保重，当心
	お大事に	〈词组〉	请保重
21.	つたえる⓪［伝える］	〈他动2〉	转告，传达
22.	スーパー① [supermarket]	〈名〉	（"スーパー・マーケット"的简称）超市
23.	けいざいがく③［経済学］	〈名〉	经济学
24.	しゅくだい⓪［宿題］	〈名〉	课外作业，家庭作业

25.	けっか⓪ ［結果］	〈名〉	結果
26.	まえ① ［前］	〈名〉	面前

一、コミュニケーション表現

1. ええ，まあ。

    意为"就算是吧"，这是一种含糊其词的应答方式。

2. それはそうですね。

    意为"那是""的确是那样的"。用于表示对对方谈话内容的认可、赞同等。例如：
    A：日本語は，助詞の使い方は難しいですが，発音はあまり難しくないですね。
    B：それはそうですね。

3. お大事に。

    意为"多多保重""好好静养"，用于安慰病人。

4. いいことをしましたね。

    意为"做了一件很有意义的事情啊"。用于称赞别人事情做得好、有意义。

5. どうかしたんですか。

    意为"怎么了？"。当看到或听到他人有什么不适或异常状况时，用来询问情况。既可以面对面地询问听话人，也可以通过听话人询问别人的情况。

二、文法

1. 动词终止形③

本课学习动词终止形的简体过去时肯定形式。

简体过去时的肯定形式是用动词词典形接续助动词"た"构成（也称"た形"），常用"Vた"来表示。"た"的接续方法与"て"的接续方法相同。具体接续方法见下表：

动词1词典形	简体过去时的肯定形式（た形）	动词2词典形	简体过去时的肯定形式（た形）	动词3词典形	简体过去时的肯定形式（た形）
書く	書いた	見る	見た	する	した
脱ぐ	脱いだ	起きる	起きた	勉強する	勉強した
買う	買った	教える	教えた	来る	来た
待つ	待った				
降る	降った				
死ぬ	死んだ				
呼ぶ	呼んだ				
読む	読んだ				
話す	話した				

2. 助动词　た

"た"接动词后面，可以用于谓语结句，也可以做连体修饰语（定语）等，表示完了。一般译为"～了"。因为本册教科书以学习敬体为主，所以还没有接触到以简体过去时的肯定形式结句的例子。例如：

昨日、スーパーへ行って、日本の物価について調べました（調べ**た**）。
先生、トムさんはさっき、「頭が痛い」と言っていました（言ってい**た**）。
これはわたしが入力し**た**手紙です。
いつか調べ**た**結果をみんなの前でも発表してください。

3. 格助词　と②

"と"接在用言、助动词的简体形式或句子的后面，后续"思う""言う""聞く"等动词，表示思考、言及的内容。例如：

今後の勉強に必要だと思いますから。

スミスさんは「頭が痛い」と言っていました。

今日は何曜日ですかと先生は聞きました。

4．接续助词

（1）たり

"たり"接在动词后，与"Ｖた"的接续方法相同，常常以"〜たり〜たりします"的形式出现，表示动作的交替进行。（详见"文型"）

（2）たら①

"たら"接在动词后，与"Ｖた"的接续方法相同，表示假定或既定的条件。一般可以译为"如果〜的话"。例如：

分からないことがあったら，どうしますか。

家に帰ったら電話をください。

薬を飲んだらよくなるでしょう。

（3）て④

"て"接动词后面，用来表示轻微的命令，用它可以结句。用于同辈或同辈以下的人。例如：

ほら，見て。これは私が入力した手紙です。

こちらに来て。いいことがありますよ。

この本を読んで。おもしろいですよ。

5．助词的重叠形式　でも

"でも"是格助词"で"和提示助词"も"的重叠，接在体言之后使用。"で"表示场所；"も"起加强语气的作用，仍表示"也"的意思。一般译为"在〜也〜"。例如：

みんなの前でも発表してください。

そのことはトムさんのところでも聞きました。

その写真は木村さんの家でも見ました。

三、文型

1．～たり～たりします

　　"たり"接在动词第二连用形后面，表示两个以上的动作交替进行。一般可以译为"又～又～""时而～时而～"。有时只用一个"たり"，以"～たりします"的形式出现，表示举出诸多事项的一例，暗示还有其他。例如：

　　本で調べ**たり**，日本人の友達に聞い**たり**します。
　　写真をとっ**たり**，絵をかい**たり**して，とても楽しかったです。
　　日曜日は，家で本を読ん**だり**しています。

2．～という～

　　"という"接在体言后面，起连体修饰（定语）作用，表示同格、同位。一般可以译为"叫～的""这种～"。例如：

　　これは「日本の物価について」**という**経済学の宿題です。
　　木村さん**という**人は今，外にいます。
　　午後は「パソコンの使い方」**という**授業があります。

3．～は～ということです

　　"ということです"接在句子之后，表示对"～は"的具体内容加以说明。例如：

　　日本語入力は，パソコンを使って，日本語の文章を書く**ということです**。
　　「外交メニュー」は，ギョーザで外国の友達を招待する**ということです**。
　　クラブ活動は，みんなで何かの活動をする**ということです**。

4．～について～

　　接在体言后面，表示陈述的内容。一般可以译为"关于～""就～"。例如：

　　日本の物価**について**調査しました。

調べた結果**について**説明してください。

今回のクラブ活動**について**意見を発表しましょう。

5．まだ～ません

"まだ"是副词，为"还没～""尚未～"之意，常常与否定形式搭配使用，表示行为、动作还没进行，某种状态还没有出现。一般可以译为"还没～"。例如：

大会は**まだ**始まってい**ません**。

トムさんは**まだ**来**ません**。

彼は**まだ**何も話してい**ません**。

6．～からです

"からです"由接续助词"から"和判断助动词"です"复合而成，接在以简体结句的句子之后，表示说话人认为出现某种结果的原因或理由。例如：

日本の物価について調べました。経済学の宿題があった**から**です。

トムさんは元気になりました。薬を飲んだ**から**です。

上手に発表しました。よく準備した**から**です。

四、解釈

先生，トムさんはさっき，「頭が痛い」と言っていました。

意为"老师，汤姆刚才说他头疼"。这里的"と言っていました"用来转述或传达他人说过的话。

練習

一、用正确的语音语调大声朗读下列句子。

1．馬さんはいつもCDを聞きながら、勉強していますね。
2．難しいですが、今後の勉強に必要だと思いますから。
3．どうかしたんですか。
4．先生、トムさんはさっき、「頭が痛い」と言っていました。
5．「お大事に」とトムさんに伝えてください。

二、在下列日文汉字上标注假名。

文章　　　入力　　　飲む　　　痛い　　　大丈夫

大事　　　結果　　　発表　　　宿題　　　薬

三、在下列画线的假名下写出日文汉字。

しらべる　　しんぱい　　こんご　　ぶっか　　てがみ

かく　　　　もんだい　　けいざい　　あたま　　つたえる

四、在空白处填写出下列动词的活用形式。

例：行く	行きます	行きました	行った
買う			
書く			
話す			
待つ			
死ぬ			

> 呼ぶ
> 読む
> 取る
> 見る
> 食べる
> 来る
> 勉強する

五、仿照例句，替换下列画线部分。

　　例1：佐藤さんはラジオを<u>聞く</u>。新聞を<u>読む</u>。

　　→佐藤さんはラジオを<u>聞いたり</u>，新聞を<u>読んだり</u>しています。

1．馬さんはお菓子を<u>食べる</u>。日本語を<u>入力する</u>。

　　→

2．佐藤さんはCDを聞く。手紙を書く。

　　→

3．妹は辞書を調べる。宿題をやる。

　　→

例2：病気がよくなる・授業に出る
　　→病気がよくなったら，授業に出ると思います。

1．よく勉強する・難しいことはない。→
2．湯船の中の水をそのまま流す・もったいない。→
3．馬さんは誕生日のプレゼントをもらう・すぐお母さんに言う。→

例3：テストはよくできました。昨日よく準備しました。
　　→テストはよくできました。昨日よく準備したからです。

1．町はきれいになりました。昨日雨が降りました。→
2．馬さんの歌は上手でした。先週よく練習しました。→
3．A：テストはよかったですね。
　　B：ええ，がんばりました。→

六、填空。

1. 馬さんはいつもCDを（　）宿題をやります。
    a．聞きながら　　b．聞いたり　　c．聞いたら　　d．聞き
2. パソコンの操作が早くできたらいい（　）思います。
    a．と　　　　　b．だと　　　　c．ですと　　　d．だ
3. 何か分からないことがあったら、先生に（　）しましょう。
    a．聞きたり　　　　　　　b．聞いたり
    c．聞きながら　　　　　　d．聞いながら
4. 子どもは「お母さん、これ、食べてもいい？」（　）聞きました。
    a．を　　　　　b．は　　　　　c．が　　　　　d．と
5. トムさんは「は」と「が」の使い方（　）みんなの前（　）発表しました。
    a．について　に　　　　　b．について　で
    c．で　で　　　　　　　　d．に　に
6. 日本語が好きになりました。それは日本の漫画をたくさん（　）。
    a．読まないからです　　　b．読みませんから
    c．読んだからです　　　　d．読みますから

七、根据课文回答下列问题。

1. 馬さんは部屋で何をしていますか。
2. 「日本語入力」はどういうことですか。
3. 馬さんは日本語の入力で分からないことがあったら、どうしますか。
4. トムさんはどうして授業に来なかったのですか。
5. 先生はトムさんのことを聞いて何と言いましたか。

八、把下面的句子翻译成日语。

1. 周日我经常上街买买东西，看看喜欢的电视节目。
2. 我们边走边说好吗。

3．大家说"从小马开始"。

4．演讲还没开始呢。

5．我认为小马做了一件很好的事情。

九、仿照范文，写一篇关于昨天做的事情的短文。

例：昨日は日曜日でしたが，とても忙しかったです。午前中，買い物をしたり，部屋の大掃除をしたりしました。午後，図書館へ行って，日本語の手紙の書き方について調べました。その後，分からない言葉を辞書で調べながら，友達に手紙を書きました。トムさんは夜，わたしの部屋へ来て，日本語入力を練習すると言いましたが，来ませんでした。それで，一人で11時までテレビを見て，寝ました。

_____

_____。

十、听录音，根据录音内容回答下面的问题。

質問：

1．「わたし」はどのように日本語入力の練習をしていますか。

2．日本語の入力は難しいですか。

3．分からないことがあったらいつもどうしますか。

4．先生は馬さんのことをどう言っていますか。

5．「わたし」はそれを聞いてどう思いましたか。

十一、按A、B角色做会话练习。

木村：どうかしたんですか。

馬　：朝から頭が痛くて，……。

木村：薬は飲みましたか。

馬　：いいえ，まだ飲んでいません。
木村：それはいけませんね。早く飲んでください。
馬　：はい，分かりました。

補足単語

え① ［絵］	〈名〉	画
かく① ［描く］	〈他動1〉	画画儿
じゅんび① ［準備］	〈名・他動3〉	准备
ラジオ① ［radio］	〈名〉	收音机
そうさ① ［操作］	〈名・他動3〉	操作
ことば③⓪ ［言葉］	〈名〉	语言；单词
ねる⓪ ［寝る］	〈自動2〉	睡觉，（躺着）休息
いけません④	〈詞組〉	（劝阻）这可不行

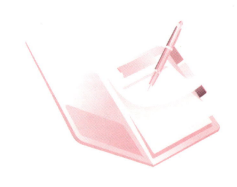

日本的法定节假日

2014年5月修改公布的日本"节假日法"，将日本国民节假日（祝日<ruby>しゅくじつ</ruby>）增至每年15天。具体情况如下表：

时间	名称	内容
1月1日	元旦（新年）／お正月<ruby>しょうがつ</ruby>	新年，类似中国的春节。
1月的第2个周一	成人节／成人<ruby>せいじん</ruby>の日<ruby>ひ</ruby>	庆祝年满20岁的青年男女步入成人行列。
2月11日	建国纪念日／建国記念日<ruby>けんこくきねんび</ruby>	第一代天皇（神武天皇）即位日。
3月21日左右	春分／春分<ruby>しゅんぶん</ruby>の日<ruby>ひ</ruby>	主要以寺庙为中心举行祭祀祖先活动。
4月29日	昭和日／昭和<ruby>しょうわ</ruby>の日<ruby>ひ</ruby>	回顾昭和史，展望未来。
5月3日	宪法纪念日／憲法記念日<ruby>けんぽうきねんび</ruby>	战后日本新宪法诞生日。
5月4日	绿色日／みどらの日	亲近自然，感恩自然。
5月5日	儿童节／こどもの日<ruby>ひ</ruby>	有男孩的家庭在大门口挂上鲤鱼旗，祈祷孩子茁壮成长。
7月的第3个周一	海之日／海<ruby>うみ</ruby>の日<ruby>ひ</ruby>	始于1996年，为感谢大海的恩惠举行活动。
9月的第3个周一	敬老日／敬老<ruby>けいろう</ruby>の日<ruby>ひ</ruby>	为老人举行各种庆祝活动。
9月23日左右	秋分／秋分<ruby>しゅうぶん</ruby>の日<ruby>ひ</ruby>	和春分一样，是祭奠祖先的日子。
10月的第2个周一	体育节／体育<ruby>たいいく</ruby>の日<ruby>ひ</ruby>	在全国各地举行运动会等。
11月3日	文化节／文化<ruby>ぶんか</ruby>の日<ruby>ひ</ruby>	已故明治天皇的生日。现在各地举行文艺活动等。
11月23日	勤劳感谢日／勤労感謝<ruby>きんろうかんしゃ</ruby>の日<ruby>ひ</ruby>	11月是收获的季节，为庆贺丰收举行活动。
12月23日	天皇生日／天皇誕生日<ruby>てんのうたんじょうび</ruby>	现任天皇（明仁天皇）的生日。始于1989年。

近些年，日本相继把几个节日由固定日期改为某个星期一，是因为考虑到星期六、星期日和星期一可以连成一个三连休（三連休(さんれんきゅう)），这样有利于国民外出度假，从而刺激日本经济的增长。

从2016年开始，日本将再增加一个法定节假日，你知道叫什么吗？在哪一天？
（答案请在本课找）

第 15 課

コーヒーも飲みたいです

導入

1. 你知道怎样用日语表达自己的愿望吗?
2. 你知道怎样用日语讲述自己的爱好吗?
3. 你会用日语订餐吗?

本文

会話 I　何か冷たい飲み物がほしいですね

打球后，三人商量接下来做什么。

馬　：ああ、いい気持ち。汗をいっぱいかきましたね。何か冷たい飲み物がほしいですね。

トム：そうですね。おなかもちょっと空きました。何か食べたいですね。

佐藤：ほら、向こうに喫茶店がありますよ。入りましょう。

　　　来到咖啡店。

店員：いらっしゃいませ。

　　　就坐后。

佐藤：あのう、何かお薦めのケーキはありますか。

店員：自家製のヨーグルトケーキがございますが。

トム：いいですね。僕はヨーグルトが大好きです。コーヒーも飲みたいですね。じゃあ、ヨーグルトケーキ一つ、それにコーヒーをください。

馬　：わたしはコーラにしましょう。

佐藤：わたしはアイスティーにします。

店員：かしこまりました。

　　　端来大家所要食品。

　　　お待たせいたしました。ごゆっくりどうぞ。

新しい言葉 I

1. コーヒー③ [coffee] 〈名〉 咖啡
2. のみもの② [飲み物] 〈名〉 饮料
3. あせ① [汗] 〈名〉 汗

第15課

4.	かく① [掻く]	〈他動1〉	出汗，流汗
	汗をかく	〈詞組〉	出汗
5.	おなか⓪	〈名〉	肚子，腹部
6.	ちょっと①	〈副〉	一会儿；稍微，有点儿
7.	すく⓪ [空く]	〈自動1〉	空，饿
	おなかが空く	〈詞組〉	肚子饿
8.	むこう②⓪ [向こう]	〈名〉	对面；另一侧；前面；对方
9.	きっさてん⓪ [喫茶店]	〈名〉	茶馆，咖啡馆
10.	おすすめ⓪ [お薦め]	〈名〉	（比较客气、郑重的说法）推荐
11.	じかせい⓪ [自家製]	〈名〉	自己制作，本店制作
12.	ヨーグルト③ [独yoghurt]	〈名〉	酸奶，酸乳酪
13.	ございます④	〈自動〉	（敬语）有，在
14.	コーラ① [cola]	〈名〉	可乐
15.	アイスティー④ [iced tea]	〈名〉	冰红茶
16.	ゆっくり③	〈副・自動3〉	慢慢；舒适

会話Ⅱ　ぼくはテニスより野球が得意なんですよ

下午下课后，小马和木村在网球场打网球，小马很欣赏木村的球技。

馬　：木村さんはテニスがお上手ですね。

木村：いやあ，ぼくはテニスより野球のほうが得意なんですよ。

馬　：すごいですね。野球は日本では，一番人気があるんでしょう。

木村：そうです。馬さんは何が好きですか。やはり卓球ですか。

馬　：嫌いではありませんが，バレーボールのほうが好きです。ところで，木村さんは，ほかにどんな趣味がありますか。

木村：ピアノです。しかし，この頃はめったに弾きません。

馬　：わたしも小さい時，ピアノを習いたかったのですが，ずっとそのチャンスがありませんでした。

木村：「好きこそものの上手なれ」ということわざがありますから，いまからでも間に合いますよ。いつかいっしょにやりましょうか。

馬　：トムさんもピアノを弾きたいと言っていますから，誘ってもいいですか。

木村：もちろんいいですよ。

新しい言葉 II

17.	テニス① [tennis]	〈名〉	网球
18.	やきゅう⓪ [野球]	〈名〉	棒球
19.	とくい② [得意]	〈名・形2〉	擅长，拿手
20.	いやあ②	〈感〉	哦，不
21.	すごい② [凄い]	〈形1〉	非常好，了不起
22.	いちばん⓪② [一番]	〈副・名〉	最，第一

第 15 課

23. にんき⓪ ［人気］ 〈名〉 声望，人缘
    人気がある 〈词组〉 受欢迎，有人缘
24. やはり② 〈副〉 仍然，还是
25. たっきゅう⓪ ［卓球］ 〈名〉 乒乓球
26. バレーボール④ [volleyball] 〈名〉 排球
27. ピアノ⓪ [piano] 〈名〉 钢琴
28. しかし② 〈接〉 然而，但是
29. このごろ⓪ ［この頃］ 〈名〉 近来，最近
30. めったに① 〈副〉 （后接否定）很少，几乎没有
31. ひく⓪ ［弾く］ 〈他动1〉 弹，拉
    ピアノを弾く 〈词组〉 弹钢琴
32. ちいさい③ ［小さい］ 〈形1〉 小，幼小
33. ならう② ［習う］ 〈他动1〉 学习，练习
34. ずっと⓪ 〈副〉 一直，始终
35. チャンス① [chance] 〈名〉 机会，机遇
36. ことわざ⓪④ ［諺］ 〈名〉 谚语
37. まにあう③ ［間に合う］ 〈自动1〉 （时间）赶得上，来得及
38. いっしょに⓪ ［一緒に］ 〈副〉 一同，一起
39. もちろん② ［勿論］ 〈副〉 不用说，当然

説明

一、コミュニケーション表現

1．いらっしゃいませ。

意为"欢迎光临！"。常用于商业、餐饮等服务行业。

2．自家製のヨーグルトケーキがございますが。

意为"本店有自己制作的酸奶糕点，您看……"。"ございます"是"あります"的郑重说法。"が"是终助词的用法，表示委婉的语气，后面省略了"いかがですか"之类的句子。

3．かしこまりました。

意为"知道了"。它是"分かりました"的自谦语，表示郑重、礼貌，多用于服务行业或比自己身份、辈分高的人。另外，"承知しました"也常常用于服务行业。

4．お待たせしました。

意为"让您久等了"。这里用于餐厅服务员给顾客上饭菜时。平时也用于自己离开同伴去做什么事情回来时，或因为什么原因迟到时，含有歉意。

5．ごゆっくりどうぞ。

意为"请慢慢用餐"。用于餐厅服务员给顾客上完饭菜时。

6．すごいですね。

意为"厉害！""了不起！"。用于感叹或称赞时。

7．もちろんいいですよ。

意为"当然可以呀！"。用于应允、答应别人的请求时。例如：

A：今度の日曜日，みんなで紅葉を見に行きますね。木村さんを誘ってもいいですか。

B：もちろんいいですよ。

二、文法

1. 助动词　たい

"たい"接在动词后面，与"ます"接动词的方法相同。用于说话人表示自己的愿望、意愿，因此，往往省略主语"わたし"。用于他人时要有主语，并在句尾加上"と言っています"等。"たい"也被称为愿望形容词，有词尾活用变化，变化规则与形容词1相同。"たい"接在他动词的后面时，其宾语后面既可以用"が"，也可以用"を"，现在一般多用"を"。可以译为"想～""打算～""要～"等。例如：

わたしはコーヒーを飲み**たい**です。

講座を聞きに行き**たかった**のですが，授業があったので，行きませんでした。

マリーさんもピアノを弾き**たい**と言っています。

2. 形式名词　ほう

接在体言加"の"的后面，用于比较、选择，或强调若干事物中的一个，在句中可以做主语、宾语等。一般不用译出。例如：

ぼくは卓球よりバレーボールの**ほう**が好きです。

ヨーグルトケーキの**ほう**が人気があります。

お料理の**ほう**をたくさん食べてください。

3. 提示助词　でも①

接在体言或部分助词之后，起凸显的作用，用于提出条件。一般译为"就是～，也～""即使～，也～"。例如：

いまから**でも**遅くないので，がんばりましょう。

明日は雨**でも**行きますよ。

こんな問題は子ども**でも**分かりますよ。

4．接续词　しかし

"しかし"用于连接两个句子，表示转折。一般可以译为"可是""不过"。例如：

趣味はピアノです。**しかし**，この頃はめったに弾きません。

友達といっしょに買い物に行きました。**しかし**，何も買いませんでした。

この助詞の使い方については何回も先生に聞きました。**しかし**，まだ分かりません。

三、文型

1．〜より〜のほうが〜

"より"接在体言的后面，表示比较的基准，"のほうが"接在体言的后面，表示说话人的选择，多以"好きです""得意です"等结句。这是常用的表示比较的句式，一般译为"比起〜更〜"。例如：

ぼくはテニス**より**卓球**のほうが**得意です。

わたしは日本料理**より**中国料理**のほうが**好きです。

わたしは文法**より**会話**のほうが**得意です。

2．めったに〜ません

"めったに"是副词，与动词否定形式搭配使用，表示某行为发生的频率低。一般可以译为"几乎不〜""不常〜"。例如：

彼は**めったに**来**ません**。

この頃は**めったに**ピアノを弾き**ません**。

ヨーグルトケーキは**めったに**食べ**ない**ですね。

3．〜てもいいですか

接在动词后面，与接"て形"的方法相同。用于征求别人的意见、求得对方许可等。也可以接在动词的否定形式后面，它的形式为"〜なくてもいいですか"，接续方法与接"ない"相同。一般可以译为"可以（不）〜吗？"。例如：

ここでピアノを弾い**てもいいですか**。

大きい声で読ん**でもいいですか**。

今日の宿題はやら**なくてもいいですか**。

クラブ活動があるので，講演を聞きに行か**なくてもいいですか**。

对于这样的问话，给予肯定的回答时一般用"いいですよ""もちろんいいですよ"等。给予否定的回答时一般用"いいえ，だめです""いけません"等。例如：

A：木村さんの発表を聞きに行ってもいいですか。

B：**いいですよ**。

A：ボールペンで書いてもいいですか。

B：**もちろんいいですよ**。

A：今ピアノを弾いてもいいですか。

B：**いいえ，だめです**。

4．～と言っています

"と"前面表示说话的内容。"言っています"是由"言う"变化来的，表示传闻，用于转述他人说过的话。"言っています"也可以说成"言っていました"。"言っています"着眼于现在，"言っていました"更强调当时曾说过这样的话。一般可以译为"～说过～"。例如：

馬さんもピアノを弾きたい**と言っています**。

彼はバレーボールが好きです**と言っています**。

トムさんはもう薬を飲みました**と言っていました**。

四、解釈

好きこそものの上手なれ

这是一句谚语，一般可以译为"好者技精""爱好才能精通"。

練習

一、用正确的语音语调大声朗读下列句子。

1．汗をいっぱいかきましたね。
2．おなかもちょっと空きました。何か食べたいですね。
3．お待たせいたしました。
4．ぼくはテニスより野球のほうが得意なんですよ。
5．トムさんもピアノを弾きたいと言っていますから、誘ってもいいですか。

二、在下列日文汉字上标注假名。

汗　　飲み物　　一番　　喫茶店　　お薦め

野球　　人気　　諺　　今　　間に合う

三、在下列画线的假名下写出日文汉字。

とくい　　あせ　　むこう　　じかせい　　すく

にんき　　たっきゅう　　このごろ　　ならう　　ひく

四、看图，仿照例句替换下列画线部分。

例1：コーヒーを飲みます。

→a．(わたし・ぼく) はコーヒーを飲みたいです。

→b．あの人はコーヒーを飲みたいと言っています。

1．ケーキを食べます。

→a．

→b．

2．野球を習います。

→a．

→b．

3．ピアノを弾きます。

→ a．

→ b．

例2：料理を作りません。

→（わたし・ぼく）は料理を作りたくないです。

1．うそを言いません。

→

2．一人で行きません。

→

3．お風呂に入りません。

→

五、仿照例句，完成下面的句子。

例1：ピアノ・歌・より・ほう・好きです

→ a．ピアノより歌のほうが好きです

→ b．歌よりピアノのほうが好きです

1．バレーボール・野球・より・ほう・上手です→

2．英語・日本語・より・ほう・得意です→

3．海・山・より・ほう・行きたいです→

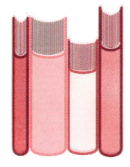

例2：野球・日本・一番人気がある
　　→野球は日本では一番人気があります。
1．村上春樹の小説・日本の若い人の中・人気がある→
2．さしみ・日本料理の中・一番有名だ→
3．ギョーザ・中国料理の中・人気がある→

例3：トムさん・ピアノを弾きたい
　　→トムさんはピアノを弾きたいと言っています／言っていました。
1．マリーさん・講演を聞きに行きたい→
2．佐藤さん・馬さんに手作りのお土産をあげたい
3．木村さん・中国語を勉強したい→

六、填空。

1．デザートは何（　）しますか。
　　——ケーキ（　）しましょう。
　　a．を　が　　b．に　を　　c．を　を　　d．に　に
2．馬さん（　）パソコン（　）得意です。
　　a．が　が　　b．は　は　　c．は　が　　d．が　は
3．テレビを見（　）いいですか。
　　——（　）いいですよ。
　　a．でも　もちろん　　　　b．ても　ずっと
　　c．ても　もちろん　　　　d．たら　やはり
4．故郷へは（　）帰りません。5年に1回ぐらいです。
　　a．ほかに　　　　　　　　b．あんなに
　　c．あまり　　　　　　　　d．どうしても
5．ピアノの（　）に趣味はいろいろ（　）。
　　a．以外　です　　　　　　b．もちろん　あります
　　c．ために　ありません　　d．ほか　あります

6．日本に1年いました。（　），日本語はまだ上手に（　）。
   a．だから　なりません　　　b．だから　なります
   c．しかし　なりません　　　d．しかし　なります

7．木村さんは英語（　）中国語の（　）が上手です。
   a．より　ほう　　　　　　　b．から　ほう
   c．より　こと　　　　　　　d．から　こと

8．「さくら」という歌は日本（　）だれ（　）知っていますよ。
   a．に　もが　　　　　　　　b．では　でも
   c．でも　が　　　　　　　　d．では　がも

9．日本人はご飯を食べる前に（　）と言います。
   a．「すみません」　　　　　b．「ごちそうさま」
   c．「ありがとうございます」 d．「いただきます」

10．みんなが友達だ（　），正座を（　）いいですか。
   a．が　しないで　　　　　　b．ので　しなくても
   c．から　しなくても　　　　d．から　しないで

七、根据课文回答下列问题。

1．馬さんはどうして冷たい飲み物がほしいのですか。
2．店員のお薦めは何でしたか。
3．ヨーグルトケーキとコーヒーにしたのは誰ですか。
4．日本ではどんなスポーツが一番人気がありますか。
5．木村さんはテニスが特意ですか。野球が得意ですか。
6．馬さんは木村さんに何を習いたいですか。また誰を誘いたいのですか。

八、把下面的句子翻译成日语。

1．我的故乡的草莓很有名，真想快点吃到啊。
2．小马说中国饭菜中饺子最好吃。
3．与网球相比木村还是棒球打得漂亮。
4．玛丽说她也想用日语给朋友写信。

5．A：我可以用汉语回答你的问题吗？

　　B：不可以。这是日语课，请用日语回答我的问题。

九、听录音，根据录音内容回答下面的问题。

質問：

1．日本は喫茶店が多いですか。少ないですか。

2．みんなはそこで何をすると言っていますか。

3．そこでお茶を飲む人が多いですか。コーヒーを飲む人が多いですか。

4．日本の喫茶店ではお茶は紅茶だけですか。

十、参照给出的单词，进行关于爱好方面的对话。

料理　山登り　ピアノ　テニス　卓球　バレーボール　野球

好き　嫌い　上手　下手　得意　苦手

十一、按角色练习会话。

1．

　　店員：いらっしゃいませ。

　　お客：すみません。コーヒーをください。

　　店員：ホットにしますか。アイスにしますか。

　　お客：今日は暑いから，アイスコーヒーにします。

　　店員：かしこまりました。少々お待ちください。

　　　　　（过了一会儿）

　　　　　お待たせいたしました。ごゆっくりどうぞ。

2．

　　佐藤：馬さんは，スポーツでは何が得意ですか。

　　馬　：卓球です。

　　佐藤：すごいですね。卓球は中国で一番人気がありますね。

　　馬　：そうですけれど，最近卓球よりテニスのほうが人気があります。

佐藤：そうですか。馬さんはテニスが好きですか。
馬　：好きですけど，まだ下手です。
佐藤：「好きこそものの上手なれ」ということわざがあるでしょう。きっと上手になりますよ。

補足単語

おそい⓪ [遅い]	〈形1〉	晚，迟
もんだい⓪ [問題]	〈名〉	问题
うそ①	〈名〉	谎话
うそを言う	〈词组〉	说谎
うた② [歌]	〈名〉	歌，歌曲
むらかみはるき③ [村上春樹]	〈名〉	（人名）村上春树
しょうせつ⓪ [小説]	〈名〉	小说
おみやげ⓪ [お土産]	〈名〉	土特产；礼品
わかい② [若い]	〈形1〉	年轻
デザート② [dessert]	〈名〉	甜点
ティー① [tea]	〈名〉	茶，红茶
こうちゃ⓪ [紅茶]	〈名〉	红茶
やまのぼり③ [山登り]	〈名〉	登山
にがて③ [苦手]	〈形2〉	不擅长
ホット① [hot]	〈名・形1〉	（"ホットコーヒー"的简略说法）热咖啡，热
アイス① [iced]	〈名・形1〉	（"アイスコーヒー"的简略说法）冰咖啡

红白对歌——日本人的"春节晚会"

就像中国人习惯在除夕夜全家围坐在电视机前观看春节晚会一样，日本人在新年前夜（12月31日晚上），也喜欢全家聚在一起，围着电视欣赏他们的"春节晚会"——"红白对歌"（紅白歌合戦<ruby>こうはくうたがっせん</ruby>）。

由日本广播协会（NHK）每年举办一次的"红白对歌"是一场代表日本最高水准、以对抗赛形式进行的歌唱晚会。演员均是当年日本歌坛最有实力、最受歌迷喜爱的歌手。这些歌手按性别分成两队，女性为红，男性为白。通常由红队首先登场，最终由场内和场外评审员投票选出优胜队。

"红白对歌"始于1951年。当时，虽然是通过电台进行实况转播的，但仍然得到了空前的好评。1953年，日本广播协会开播了电视节目，并决定从这一年起将"红白对歌"作为一项辞旧迎新的重要活动，年年举办。

按照歌手选拔规则，在日本从事歌曲、音乐艺术表演的外国人同样可以参加"红白对歌"。20世纪80年代以来，几乎每年都有外国歌手参加这样的歌唱晚会。

在文化娱乐生活更加丰富多彩、观众的要求和品位更加多样的今天，观众对"红白对歌"仍"痴心"不改，继续保持着相对较高收视率，成为除夕之夜不可替代的特定节目。

你知道参加过"红白对歌"的华人歌手是谁吗？（答案请在本课找）

付録 1

単元の練習（1）

、从 a．b．c．d 中选出画线汉字的正确的读音。

1．これは木村さんの恋人の写真です。
　　（1）木村　　　a．けむら　　　　b．きもら
　　　　　　　　　c．きむら　　　　d．きむな
　　（2）写真　　　a．しゃしん　　　b．しゃあしん
　　　　　　　　　c．しゅしん　　　d．しあしん

2．妹は大学生ではありません。高校二年生です。
　　（1）大学生　　a．たいがくせい　b．だいがくせい
　　　　　　　　　c．だいかくせい　d．だいなくせい
　　（2）二年生　　a．にねんせい　　b．にねせ
　　　　　　　　　c．にいねんせ　　d．にねせい

3．こちらは東京ほど蒸し暑くないです。
　　（1）東京　　　a．とうきょう　　b．ときょう
　　　　　　　　　c．とうきゅう　　d．とおきょう
　　（2）蒸し暑く　a．もしあつく　　b．むしあつく
　　　　　　　　　c．もすあつく　　d．むすあつく

4．去年は暖かい冬でした。
　　（1）去年　　　a．きゅねん　　　b．きゅうねん
　　　　　　　　　c．きょうねん　　d．きょねん
　　（2）暖かい　　a．あただかい　　b．あだたかい
　　　　　　　　　c．あたたかい　　d．あたたがい

5．明日の1限目は日本語のテストです。
　　（1）限目　　　a．げんめ　　　　b．がんめ
　　　　　　　　　c．かんめ　　　　d．けんめ

（2）日本語　　　a．ねほんご　　　b．にほんこ
　　　　　　　　c．にほんご　　　d．にごんご

二、从a.b.c.d中选出与画线单词相对应的日文汉字。

1．はじめまして，井上です。どうぞ，よろしくおねがいします。
　　（1）はじめ　　　a．始め　　　　b．初め
　　　　　　　　　　c．初次　　　　d．初始
　　（2）ねがい　　　a．愿い　　　　b．請い
　　　　　　　　　　c．望い　　　　d．願い

2．母はこうこうのきょうしです。
　　（1）こうこう　　a．高校　　　　b．高中
　　　　　　　　　　c．高等　　　　d．高級
　　（2）きょうし　　a．教員　　　　b．講師
　　　　　　　　　　c．教師　　　　d．老師

3．このばいてんのしなものは安いです。
　　（1）ばいてん　　a．商店　　　　b．売場
　　　　　　　　　　c．売店　　　　d．売点
　　（2）しなもの　　a．商品　　　　b．物品
　　　　　　　　　　c．品物　　　　d．物

4．子どものときは，にぎやかなとかいが好きでした。
　　（1）とき　　　　a．時候　　　　b．時
　　　　　　　　　　c．時間　　　　d．時分
　　（2）とかい　　　a．城郷　　　　b．城市
　　　　　　　　　　c．都市　　　　d．都会

5．妻はかいしゃいんではありません。しゅふです。
　　（1）かいしゃいん　a．会員　　　b．職員
　　　　　　　　　　　c．会社員　　d．員工
　　（2）しゅふ　　　a．家婦　　　　b．婦人
　　　　　　　　　　c．婦女　　　　d．主婦

三、从a.b.c.d中选择正确答案。

1．馬さんの出身は中国の＿＿＿＿。
    a．どれですか   b．なんですか
    c．どこですか。   d．どのですか

2．馬さんの趣味は＿＿＿＿。
    a．どのですか   b．どれですか
    c．どこですか   d．なんですか。

3．妹さんの写真は＿＿＿＿。
    a．なんですか   b．そのですか
    c．どれですか。   d．どのですか

4．去年は＿＿＿＿冬でした。
    a．暖かいの   b．暖かい
    c．暖かいな   d．暖かいで

5．馬さん，＿＿＿＿どうしますか。
    a．これから   b．どこで
    c．今では   d．それから

四、从a.b.c.d中选择正确的助词。

1．ほかに何＿＿＿＿必要なものはありますか。
    a．が   b．か   c．も   d．で

2．妹さん＿＿＿＿お兄さんも大学生ですか。
    a．も   b．に   c．は   d．が

3．中国語の発音は日本語＿＿＿＿難しいです。
    a．ほど   b．より   c．も   d．と

4．父は教師です。姉＿＿＿＿教師ではありません。
    a．で   b．が   c．は   d．も

5．わたしはいちご＿＿＿＿大好きです。
    a．で   b．と   c．が   d．を

、从下面的a.b.c.d中选择一个与例句意思最接近的句子。

1. 北京の夏も暑いです。でも、東京ほど蒸し暑くありません。
   a. 北京は蒸し暑いです。
   b. 東京は蒸し暑くありません。
   c. 東京は北京より涼しいです。
   d. 東京は北京より蒸し暑いです。

2. 馬さんは佐藤さんより高いです
   a. 馬さんは低いです。
   b. 佐藤さんが高いです。
   c. 佐藤さんは馬さんほど高くないです。
   d. 佐藤さんは低くないです。

3. 日本語の発音は英語ほど難しくないです。
   a. 英語の発音はあまり難しくないです。
   b. 英語の発音は日本語より難しいです。
   c. 日本語も英語も発音は難しいです。
   d. 日本語も英語も発音が難しくないです。

、用所给的单词按正确的顺序写出句子。

1. わたしは　ではありません　留学生
2. 季節は　スポーツ　に　ですか　いい　いつ
3. 本屋には　本が　おもしろい　たくさん　あちらの　あります
4. より　CDが　安いです　カメラ
5. いません　どこ　に　も　先生は

、阅读下面的文章，并从1.2.3中选择一个最正确的答案。

　　私のクラスには学生が２０人います。その中に日本人の留学生が２人います。アメリカの留学生も２人です。でも、インドの留学生は１人もいません。アメリカ人は日本語はすこし分かります。日本人の留学生は英語より中国語の発音がきれいです。

問題一
1．私のクラスには学生が２５人います。
2．私のクラスには学生が２０人います。
3．私のクラスには学生が２４人います。

問題二
1．私のクラスには日本人の留学生しかいません。
2．私のクラスには日本人の留学生は２人とアメリカの留学生は２人います。
3．私のクラスにはアメリカの留学生は１人もいません。

問題三
1．日本人の留学生は中国語の発音が英語よりきれいです。
2．日本人の留学生は中国語の発音も英語の発音もきれいではありません。
3．日本人の留学生は中国語の発音より英語の発音がきれいです。

答案：

一、1．（1）c（2）a　2．（1）b（2）a　3．（1）a（2）b
　　4．（1）d（2）c　5．（1）a（2）c
二、1．（1）b（2）d　2．（1）a（2）c　3．（1）c（2）c
　　4．（1）b（2）d　5．（1）c（2）d
三、1．c　2．d　3．c　4．b　5．a
四、1．b　2．a　3．b　4．c　5．c
五、1．d　2．c　3．b
六、1．わたしは留学生ではありません。
　　2．スポーツにいい季節はいつですか。
　　3．あちらの本屋にはおもしろい本がたくさんあります。
　　4．カメラよりＣＤが安いです。
　　5．先生はどこにもいません。
七、問題一　2　　問題二　2　　問題三　1

付録 1

単元の練習（2）

一、从 a．b．c．d 中选出画线汉字的正确的读音。

1．私は<u>自転車</u>で家へ<u>帰り</u>ます。
　　（1）自転車　　a．じどうしゃ　　b．じていしゃ
　　　　　　　　　c．じいでんしゃ　d．じてんしゃ
　　（2）帰り　　　a．かえ　　　　　b．かい
　　　　　　　　　c．がい　　　　　d．がえ

2．あしたは<u>木曜日</u>ですから、<u>観光客</u>が少ないでしょう。
　　（1）木曜日　　a．げつようび　　b．かようび
　　　　　　　　　c．すいようび　　d．もくようび
　　（2）観光客　　a．かんこうきゃく　b．かこきゃく
　　　　　　　　　c．かこぎゃく　　d．かんこぎゃく

3．<u>昨日</u>、初めて<u>刺身</u>を食べました。
　　（1）昨日　　　a．きょう　　　　b．あした
　　　　　　　　　c．きのう　　　　d．あさって
　　（2）刺身　　　a．さすみ　　　　b．さしみ
　　　　　　　　　c．しゃしみ　　　d．しゃすみ

4．さっきの<u>天気予報</u>は<u>何</u>と言いましたか。
　　（1）天気予報　a．てんきようほ　　b．てんきじょうほう
　　　　　　　　　c．ていんきよほう　d．てんきよほう
　　（2）何　　　　a．だれ　　　　　b．なん
　　　　　　　　　c．どれ　　　　　d．どこ

5．あと<u>1週間</u>で馬さんの<u>誕生日</u>です。
　　（1）1週間　　a．いしゅうかん　　b．いしゅけん
　　　　　　　　　c．いっしゅうかん　d．いしょかん

251

（2）誕生日　　　a．たんせいび　　b．たんせいひ
　　　　　　　　　c．だんじょうひ　d．たんじょうび

二、从 a．b．c．d 中选择出与画线单词相对应的日文汉字。

1．まず，ゆぶねの外でお湯でからだを流してください。
　　（1）ゆぶね　　　a．風呂　　　　b．呂風
　　　　　　　　　　c．船湯　　　　d．湯船
　　（2）からだ　　　a．身　　　　　b．体
　　　　　　　　　　c．顔　　　　　d．足

2．まいにち，くだものをたくさん食べましょう。
　　（1）まいにち　　a．毎天　　　　b．毎日
　　　　　　　　　　c．時々　　　　d．常常
　　（2）くだもの　　a．水菓　　　　b．菓物
　　　　　　　　　　c．果物　　　　d．林檎

3．先生が来たので，にぎやかな教室はしずかになりました。
　　（1）にぎやか　　a．賑やか　　　b．熱烈
　　　　　　　　　　c．静か　　　　d．騒やか
　　（2）しずか　　　a．賑やか　　　b．熱烈
　　　　　　　　　　c．静か　　　　d．騒やか

4．ちゅうしょくはあの店でとりました。
　　（1）ちゅうしょく　a．朝食　　　b．昼食
　　　　　　　　　　　c．夕食　　　d．晩食
　　（2）とり　　　　　a．採り　　　b．撮り
　　　　　　　　　　　c．取り　　　d．進り

5．李先生ははちじにさんがいの大きい教室で授業をします。
　　（1）はちじ　　　a．8時　　　　b．9時
　　　　　　　　　　c．10時　　　　d．11時
　　（2）さんがい　　a．1階　　　　b．2階
　　　　　　　　　　c．3階　　　　d．4階

三、从 a．b．c．d 中选择正确答案。

1．A：正座はこうするんですか。
　　B：はい，＿＿＿＿してください。
　　a．こう　　　b．そう　　　　c．ああ　　　　d．どう
2．スミスさんはカラオケも山登り＿＿＿＿好きでしょう。
　　a．を　　　　b．に　　　　　c．も　　　　　d．は
3．明日雨かどうか＿＿＿＿分かりませんよ。
　　a．まだ　　　b．また　　　　c．もう　　　　d．すこし
4．私は日本の友達から＿＿＿＿をもらいました。
　　a．プレゼント　　　　　　　　b．ブレゼント
　　c．プレセント　　　　　　　　d．プレゼート
5．母の＿＿＿＿のギョーザはおいしいです。
　　a．手工　　　b．手作業　　　c．手作り　　　d．手加工

四、从 a．b．c．d 中选择正确的助词。

1．りんごが高かった＿＿＿＿買いませんでした。
　　a．が　　　　b．なので　　　c．ので　　　　d．で
2．明日は土曜日　　　，会社は休みです。
　　a．に　　　　b．なので　　　c．ので　　　　d．から
3．授業が終わってから，図書館へ本を調べ＿＿＿＿行きます。
　　a．を　　　　b．で　　　　　c．へ　　　　　d．に
4．田中さんは病気　　　来ませんでした。
　　a．ので　　　b．で　　　　　c．ため　　　　d．から
5．妹は恋人＿＿＿＿チョコレートをあげました。
　　a．が　　　　b．を　　　　　c．から　　　　d．に

五、从下面的 a．b．c．d 中选择一个与例句意思最接近的句子。

1．誕生日の日に恋人から花をもらいました。
　　a．わたしは恋人に花をあげました。
　　b．恋人はわたしに花をくれました。
　　c．わたしと恋人は友達に花を送りました。

    d．友達はわたしと恋人に花を送ってくれました。
2．食事の後まず新聞を読みます。それからお風呂に入ります。
    a．新聞を読んでから，食事をします。それからお風呂に入ります。
    b．食事をしてから，お風呂に入ります。それから新聞を読みます。
    c．新聞を読む前に食事をします。それからお風呂に入ります。
    d．お風呂に入る前に食事をします。それから新聞を読みます。
3．今日は寒いですから，外へ行かないでください。
    a．今日は寒いから部屋の中にいてください。
    b．今日は寒いから外にいたほうがいいです。
    c．今日は寒いが外へ行ってもいいです。
    d．今日は寒いけれど，部屋の中にいないでください。

六、从a——e中选出与A——E接续的句子。

1．A．庭で　　　　　　a．かわいい犬がいます。
2．B．庭に　　　　　　b．卓球をしています。
3．C．庭を　　　　　　c．建物の中で大事なところでしょう。
4．D．庭が　　　　　　d．散歩するのが好きです。
5．E．庭は　　　　　　e．広くて，運動もできます。

七、阅读下面的文章，并从1．2．3中选择一个最正确的答案。

1．今日はわたしの誕生日です。去年の誕生日に，友達からマフラーをもらいましたが，今年は手作りのかばんをもらいました。母からはきれいなセーターをもらいました。それから兄からも誕生日のプレゼントをもらいました。それは日本語の辞書でした。初めて兄からプレゼントをもらったので，とても嬉しかったです。
  問　わたしの誕生日に誰が日本語の辞書をくれましたか。
    a．友達　　　　b．母　　　　c．兄
2．午後4時ごろ，恋人が会社から電話をくれました。夜，食事を一緒にしましょうという内容でした。2人で韓国料理の店に行きました。ちょうど彼の友だちもそこにいました。3人で食事をしました。少し高かったですがおいしかったです。

問　何人で韓国料理を食べましたか。
　　　a．ひとり　　　　b．ふたり　　　c．さんにん

3．友達の中に中国語を習っている人は何人かいます。山田さんはいつも質問をしに来ます。まだ３か月しか勉強していませんが，発音はとてもきれいです。会話も上手です。韓国語のあいさつもできます。いつもびっくりしています（吃惊）。わたしも山田さんと同じように日本語を話したいです。

問　"わたし"はどこの国の人ですか。
　　　a．中国人　　　　b．日本人　　　c．韓国人

答案：

一、1．（1）d（2）a　　2．（1）d（2）a　　3．（1）c（2）b
　　4．（1）d（2）b　　5．（1）c（2）d
二、1．（1）d（2）b　　2．（1）b（2）c　　3．（1）a（2）c
　　4．（1）b（2）c　　5．（1）a（2）c
三、1．b　　2．c　　3．a　　4．a　　5．c
四、1．c　　2．b　　3．d　　4．b　　5．d
五、1．b　　2．c　　3．a
六、1．A—b　　2．B—a　　3．C—d
　　4．D—e　　5．E—c
七、1．c　　2．c　　3．a

単元の練習（3）

、从 a．b．c．d 中选出画线汉字的正确的读音。

1．お母さん，冷蔵庫に何か<u>冷たい</u> <u>飲み物</u>がありますか。
　　（1）冷たい　　　a．さむい　　　　　b．さもい
　　　　　　　　　　c．つめたい　　　　d．つもたい
　　（2）飲み物　　　a．のみもの　　　　b．のみもつ
　　　　　　　　　　c．のみぶつ　　　　d．のみもと

2．李さんは最近の<u>物価</u>についての論文を<u>発表</u>しました。
　　（1）物価　　　　a．ぶつか　　　　　b．ぶか
　　　　　　　　　　c．ぶっか　　　　　d．ぶっかい
　　（2）発表　　　　a．はつひょう　　　b．はっぴゅう
　　　　　　　　　　c．はつびょう　　　d．はっぴょう

3．張さんは<u>卓球</u>よりテニスのほうが<u>得意</u>です。
　　（1）卓球　　　　a．たきゅう　　　　b．たくきゅう
　　　　　　　　　　c．たっきゅう　　　d．たっきゅ
　　（2）得意　　　　a．とくい　　　　　b．どくい
　　　　　　　　　　c．とい　　　　　　d．どい

4．高橋さんは<u>屋台</u>の<u>料理</u>が大好きです。
　　（1）屋台　　　　a．やだい　　　　　b．やたい
　　　　　　　　　　c．やあだい　　　　d．やあたい
　　（2）料理　　　　a．りゅり　　　　　b．りょり
　　　　　　　　　　c．りゅうり　　　　d．りょうり

5．コーラより<u>自家製</u>のジュースが<u>安い</u>です。
　　（1）自家製　　　a．しかせい　　　　b．じがせい
　　　　　　　　　　c．じかせ　　　　　d．じかせい

（2）安い　　　　　a．やさしい　　　　b．やすい
　　　　　　　　　　c．たかい　　　　　d．ひくい

二、从 a．b．c．d 中选择出与画线单词相对应的日文汉字。

1. 林さんはテニスより<u>やきゅう</u>のほうが<u>じょうず</u>です。
   （1）やきゅう　　　a．足球　　　　　　b．卓球
   　　　　　　　　　　c．野球　　　　　　d．棒球
   （2）じょうず　　　a．下手　　　　　　b．上手
   　　　　　　　　　　c．得意　　　　　　d．苦手

2. これはわたしが<u>にゅうりょく</u>した<u>てがみ</u>です。
   （1）にゅうりょく　a．入力　　　　　　b．出力
   　　　　　　　　　　c．輸入　　　　　　d．輸出
   （2）てがみ　　　　a．文章　　　　　　b．本文
   　　　　　　　　　　c．手紙　　　　　　d．書信

3. <u>午後</u>，<u>けいざいがく</u>の<u>こうえん</u>を聞きに行きます。
   （1）けいざいがく　a．物理学　　　　　b．教育学
   　　　　　　　　　　c．人文学　　　　　d．経済学
   （2）こうえん　　　a．活動　　　　　　b．講演
   　　　　　　　　　　c．試験　　　　　　d．映画

4. 先生，<u>しゅくだい</u>を出してから<u>やすんで</u>もいいですか。
   （1）しゅくだい　　a．話題　　　　　　b．題目
   　　　　　　　　　　c．作文　　　　　　d．宿題
   （2）やすんで　　　a．望んで　　　　　b．遊んで
   　　　　　　　　　　c．休んで　　　　　d．憩んで

5. 母の<u>びょうき</u>はもう大丈夫だから，<u>しんぱい</u>しないでください。
   （1）びょうき　　　a．身体　　　　　　b．健康
   　　　　　　　　　　c．病気　　　　　　d．風邪
   （2）しんぱい　　　a．担心　　　　　　b．配慮
   　　　　　　　　　　c．看病　　　　　　d．心配

三、从a.b.c.d中选择正确答案。

1．わたしはまだ昼食を＿＿＿＿。
　　a．取ります　　　　　　　　b．取りました
　　c．取っています　　　　　　d．取っていません

2．昔はこの海で水泳をする人は＿＿＿＿いませんでした。
　　a．めったに　　　　　　　　b．ただで
　　c．すこし　　　　　　　　　d．すべて

3．日本語を選んだのは漫画を見たい＿＿＿＿。
　　a．のでです　　　　　　　　b．だからです
　　c．からです　　　　　　　　d．のからです

4．林さんはいつも音楽を聞き＿＿＿＿宿題をやりますか。
　　a．たり　　　　　　　　　　b．て
　　c．ながら　　　　　　　　　d．ても

5．大学の授業はたいてい9時＿＿＿＿始まります。
　　a．ぐらい　　　　　　　　　b．に
　　c．で　　　　　　　　　　　d．ほど

四、从a.b.c.d中选择正确的助词。

1．サッカーは中国＿＿＿＿盛んです。
　　a．でも　　b．にも　　c．へも　　d．をも

2．日本料理がおいしくない＿＿＿＿言う人もいます。
　　a．の　　　b．ね　　　c．よ　　　d．と

3．東京＿＿＿＿住んでいる木村さんを知っていますか。
　　a．が　　　b．で　　　c．に　　　d．へ

4．昨日書いたものをみんなの前＿＿＿＿発表してください。
　　a．で　　　b．に　　　c．から　　d．より

5．暑いから、アイスコーヒー＿＿＿＿にしましょう。
　　a．ほう　　b．のほう　　c．でも　　d．と

付録 1

、从下面的 a．b．c．d 中选择一个与例句意思最接近的句子。

1．ぼくは得意なものは何もないんです。
    a．ぼくはなんでも上手です。
    b．ぼくが上手なものは1つもありません。
    c．ぼくは何でも好きです。
    d．ぼくは好きなものはありません。

2．もう早くないから，休んでもいいですよ。
    a．もう遅いから，休んでください。
    b．もう遅いが，すぐ休まなくてもいいです。
    c．まだ早いが，休んでもいいです。
    d．まだ早いから，もう少しいてもいいです。

3．今，試合が終わりました。飲み物はありませんか。
    a．飲み物もいいですが，食べ物がほしいです。
    b．飲み物を買いに行ってください。
    c．喉が渇いて，飲み物がほしいです。
    d．飲み物はいろいろありますが，何にしますか。

六、完成下列句子。

1．もう秋です。しかし，＿＿＿＿＿＿＿＿＿＿＿＿。
2．日本人は食事の前にまず＿＿＿＿＿＿＿＿＿＿＿＿と言います。
3．テストはよくできました。それは＿＿＿＿＿＿＿＿＿＿＿＿。
4．わたしはコーラにします。あなたも＿＿＿＿＿＿＿＿＿＿＿＿。
5．「いらっしゃいませ」は＿＿＿＿＿＿＿＿＿＿＿＿言葉です。

、翻译下面的短文。

    中国の学校の勉強の仕方は外国とはどう違うのでしょうか。中国の学校では宿題をたくさん出します。基本はしっかりしています（扎实）が，同じ答案の宿題が多く，つまらない（无聊）時があります。外国では宿題はあまり出しません。レポートをよく書きます。レポートだから同じ答案でなくてもいいです。遊ぶ時間も多いのです。あなたはどちらがいいと思いますか。

259

答案：

一、1.（1）c（2）a　　2.（1）c（2）d　　3.（1）c（2）a
　　4.（1）b（2）d　　5.（1）d（2）b

二、1.（1）c（2）b　　2.（1）a（2）c　　3.（1）d（2）b
　　4.（1）d（2）c　　5.（1）c（2）d

三、1. d　　2. a　　3. c　　4. c　　5. b

四、1. a　　2. d　　3. c　　4. a　　5. b

五、1. b　　2. a　　3. c

六、1. まだ暑いです　　　　　　　　2. いただきます
　　3. よく準備したからです　　　　4. コーラにしませんか
　　5. 店員が言う

七、中国学校的学习方法与外国有什么不同呢？中国的学校会布置很多作业。基础很扎实，但有统一答案的作业多，有时会令人感到无聊。外国的学校不太留作业，经常写小论文。因为是小论文，答案不统一也没关系。玩儿的时间也比较多。你觉得哪种方法好呢？

付録2

コミュニケーション表現の索引

(右側的数字为课次)

あのう，あの川は。	7
いいお天気ですね。	6
——そうですね。	6
いいことをしましたね。	14
いいですね。	11
いいですよ。	12
いいところにいきましたね。	9
いただきます。	12
いらっしゃいませ。	15
ええ，まあ。	14
えっ，手作りですか。うらやましい。	10
おいしいです。	12
お大事に。	14
お誕生日，おめでとうございます。	10
——ありがとうございます。	10
おはようございます。	5
お待たせしました。	15
かしこまりました。	15
今日はいろいろとありがとうございました。	8
——どういたしまして。	8
こちらは馬さんです。	5
ごゆっくりどうぞ。	15
自家製のヨーグルトケーキがございますが。	15
じゃあ，がんばってください。	13
——がんばります。	13
すごいですね。	15

すみません，ボールペンを 10 本ください。	8
そうだ。	10
そうですか。	5
それはいいですね。	6
それはそうですね。	14
大丈夫ですよ。また機会がありますから。	11
どうかしたんですか。	14
どうしようかな。	11
どうぞ，よろしくお願いします。	5
どうぞ，楽にしてください。	12
とんでもない。	13
なるほど。	12
はい，そうしましょう。	13
ねえ，おかあさん。	12
はじめまして，馬です。	5
北京の秋はどうですか。	6
ほら，見てご覧なさい。	7
ほんとだ。	7
馬さんからどうぞ。	12
馬さん，しばらくですね。	9
馬さん，日本の田舎は初めてですか。	7
馬さんはえらい。	6
もちろんいいですよ。	15
よかったですね。	9
よろしいですか。	8
——はい，結構ですよ。	8
わあ，うれしい。	10
わあ，きれいですね。	7
わざわざありがとうございます。	10
——いいえ。	10

付録 3

文法の索引

（右侧的数字为课次）

判断句	5
描写句①	6
描写句②	7
存在句	8
叙述句	9
形容词1：(1) 词典形　(2) 连体形　(3) 连用形　(4) 终止形①	6
形容词2：(1) 终止形　(2) 连体形　(3) 连用形①（第二连用形）	7
(4) 连用形②（第一连用形）	12
动词及其分类 (1) 动词1　(2) 动词2　(3) 动词3	9
动词终止形① (1) 敬体非过去时肯定、否定形式"ます形"	9
(2) 敬体过去时肯定、否定形式	9
动词终止形②（简体非过去时肯定、否定形式"ない形"）	11
动词终止形③（简体过去时肯定形式）	14
动词连用形①（第一连用形"ます形"）	10
动词连用形②（第二连用形"て形"）	12
动词的持续体：ている①	13
感叹词：はい、いいえ	5
授受动词：(1) もらう　(2) くれる　(3) あげる	10
形式名词：の	10
形式名词：ほう	15
后缀：さん	5
后缀：ごろ	13

判断助动词"です"的中顿形式：で　　　　　　　　　　　　　　7
判断助动词：です　　　　　　　　　　　　　　　　　　　　5

助动词：た　　　　　　　　　　　　　　　　　　　　　　　14
助动词：たい　　　　　　　　　　　　　　　　　　　　　　15

补助形容词：ない　　　　　　　　　　　　　　　　　　　　6

提示助词：
でも①（条件）　　　　　　　　　　　　　　　　　　　　　15
は①（主题）　　　　　　　　　　　　　　　　　　　　　　5
は②（对比）　　　　　　　　　　　　　　　　　　　　　　7
は③（宾语提前）　　　　　　　　　　　　　　　　　　　　9
も①（提示或强调）　　　　　　　　　　　　　　　　　　　5

格助词：
が①（主语）　　　　　　　　　　　　　　　　　　　　　　6
が②（好恶的对象）　　　　　　　　　　　　　　　　　　　7
が③（疑问词做主语）　　　　　　　　　　　　　　　　　　8
から①（时间、空间的起点）　　　　　　　　　　　　　　　8
で①（工具手段）　　　　　　　　　　　　　　　　　　　　9
で②（场所）　　　　　　　　　　　　　　　　　　　　　　9
で③（数量限定）　　　　　　　　　　　　　　　　　　　　10
で④（范围）　　　　　　　　　　　　　　　　　　　　　　10
で⑤（原因）　　　　　　　　　　　　　　　　　　　　　　11
と①（行为的共同者）　　　　　　　　　　　　　　　　　　9
と②（内容）　　　　　　　　　　　　　　　　　　　　　　14
に①（场所）　　　　　　　　　　　　　　　　　　　　　　8
に②（比较基准）　　　　　　　　　　　　　　　　　　　　8
に③（时间）　　　　　　　　　　　　　　　　　　　　　　9
に④（结果）　　　　　　　　　　　　　　　　　　　　　　10
に⑤（行为的目的）　　　　　　　　　　　　　　　　　　　10
に⑥（方向）　　　　　　　　　　　　　　　　　　　　　　12

に⑦（归着点）	12
に⑧（添加）	13
に⑨（附着）	13
の①（定语）	5
へ（方向、归着点）	9
まで（终点）	9
より（比较基准）	6
を①（动作对象）	9
を②（场所）	13

并列助词：
と	5
や	8

终助词：
か	5
ね	6
よ	6

助词重叠形式：
では	12
でも	14
には	8
へも	11

副助词：
か（不定称）	8
ぐらい	8
しか	8
だけ①	12
など	8
ほど	6

接续助词：
が①（转折） 6
が②（委婉） 12
から（原因） 11
けれど 11
たら 14
たり 14
て①（手段） 12
て②（原因） 12
て③（顺序） 13
て④（轻微命令） 14

ながら① 13
ので（因果关系） 9

接续词：
しかし 15
それから 12
それに 10
だから 11
つまり 13
ですから 12
では（じゃ） 12
でも 6
ところで 8

こそあど系列词汇① これ それ あれ どれ 5
こそあど系列词汇② ここ そこ あそこ どこ 7
　　　　　　　　　この その あの どの 7
こそあど系列词汇③ こんな そんな あんな どんな 10
こそあど系列词汇④ こう そう ああ どう 12
こそあど系列词汇⑤ こちら そちら あちら どちら 13

时间的表达方法①　おととし…今年　先先月…今月　おととい…今日	6
时间的表达方法②　朝…夜	11
数词和量词①　基数词　～本　～人　～円	8
数词和量词②　～階　～曜日　～時　～時半　～時間　～分	9
数词和量词③　～歳　～週間　～日	10
数词和量词④　～回　～月　～か月	12
家庭成员的称谓	5

付録 4

文型の索引

(右側的数字为课次)

あまり～くないです／ありません	6
～か～か～	11
～かどうか～	11
～からです	14
～から～まで～	9
きっと～でしょう	11
～たり～たりします	14
～で～があります	11
～てから～	12
～てください／ないでください	12
～でしょう	11
～てもいいですか	15
～という～	14
～と言っています	15
～ながら～ます	13
～に（は）～があります／います	8
～に行きます／来ます	10
～にしかありません／いません	8
～にします	12
～について～	14
～になります／～くなります	10
～に～や～などがあります	8
～の（ん）です	11
～のほかに，～と～が（も）あります／います	8
～は～が～	8
～は～が好き（嫌い）です	7

〜は〜かったです	6
〜は〜くないです／ありません	6
〜は〜くなかったです／ありませんでした	6
〜は〜でした	5
〜は形容詞2でした	7
〜は〜です	5
〜は形容詞1です	6
〜は形容詞2です	7
〜は〜ですか	5
〜は〜ではありません	5
〜は〜ではありませんでした	5
〜は形容詞2ではありません	7
〜は形容詞2ではありませんでした	7
〜は〜ということです	14
〜は〜にあります／います	8
〜は〜に〜をあげます	10
〜は〜に〜をくれます	10
〜は〜に／から〜をもらいます	10
〜ほど〜くないです／ありません	6
〜ましょう	11
まず〜，それから〜	12
まだ〜ません	14
めったに〜ません	15
〜より〜のほうが〜	15

付録 5

新しい言葉の索引

（右側的数字为课次）

あ

あ①	5−1
ああ①	5−2
アイスティー④［iced tea］	15−1
あおい②［青い］	6−1
あかい⓪［赤い］	10−2
あき①［秋］	6−1
あげる⓪	10−1
あさはやく③［朝早く］	10−2
あざやか②［鮮やか］	7−2
あした③［明日］	6−2
あせ①［汗］	15−1
あそこ⓪	8−1
あたま③［頭］	14−2
あたらしい④［新しい］	8−1
あつい②［暑い］	6−1
あつまる③［集まる］	11−1
あと①［後］	10−1
あと①［後］	11−2
あの⓪	7−2
あのう⓪	7−2
あまり⓪	6−2
あめ①［雨］	11−2
アメリカじん④　［America人］	5−1
あら①	8−1
あらしやま⓪［嵐山］	9−2
ある①［在る・有る］	8−1
あれ⓪	7−2

い

いい①	6−1
いいえ③	5−2
いいだばし③［飯田橋］	13−2
いう⓪［言う］	14−1
いえ①	11−2
いえ②［家］	9−1
いがい①［以外］	13−2
いく⓪［行く］	9−1
いくつ①	8−1
いけ②［池］	8−1
いしゃ⓪［医者］	5−2
いぜん①［以前］	7−1
いそぐ②［急ぐ］	13−2
いたい②［痛い］	14−2
頭が痛い	14−2
いちげんめ⓪②［1限目］	6−2
いちご［苺］⓪	7−1
いちばん⓪②［一番］	15−2
いつか①	14−1
いっしょに⓪［一緒に］	15−2
いっぱい⓪［一杯］	11−1
いつも①	7−1

いなか⓪ [田舎]	7-2	おしゃべり②	13-1
いぬ② [犬]	5-2	おすすめ⓪ [お薦め]	15-1
いま① [今]	7-1	おたく⓪ [お宅]	9-1
いもうと④ [妹]	5-2	おなか⓪	15-1
いやあ②	15-2	おふろ② [お風呂]	12-2
いよいよ②	10-1	おもう② [思う]	14-1
いる⓪ [居る]	8-1	おもしろい④	6-2
いれる⓪ [入れる]	12-1	おゆ⓪ [お湯]	12-2
いろ② [色]	7-2	おりょうり② [お料理]	12-1
いろいろ⓪ [色々]	8-2	おわる⓪ [終わる]	11-2
インドじん③ [India人]	5-1		

う

うえ② [上]	7-2	～かい [回]	12-1
うらやましい⑤ [羨ましい]	10-1	～かい [階]	9-1
うれしい③ [嬉しい]	10-1	がいこう⓪ [外交]	13-1
		がいこうメニュー⑤ [外交menu]	13-1

え

ええ①	7-1	かいしゃいん③ [会社員]	5-2
えき① [駅]	8-1	かいもの⓪ [買い物]	10-2
えっ①	10-1	かいわ⓪ [会話]	5-1
えらい② [偉い]	6-2	かう⓪ [買う]	10-2
えらぶ② [選ぶ]	10-2	かく① [掻く]	15-1
～えん [円]	8-2	汗をかく	15-1

お

お [御]	6-1	かく① [書く]	11-1
おいしい⓪③	9-2	がくしゃ⓪ [学者]	11-2
おおい①② [多い]	7-1	がくせい⓪ [学生]	5-1
おおきい③ [大きい]	9-1	かくち① [各地]	11-1
おおぜい⓪ [大勢]	9-2	がくぶ⓪① [学部]	8-1
おかあさん② [お母さん]	12-1	かぜ⓪ [風]	6-1
おかし② [お菓子]	8-2	かぞく① [家族]	5-2
おきる② [起きる]	13-2	かた② [方]	5-1
おさけ⓪ [お酒]	12-1	かつどう⓪ [活動]	11-1
おしえる⓪ [教える]	12-2	かならず⓪ [必ず]	13-1

見出し	課
かのじょ① [彼女]	10-1
かまくら⓪④ [鎌倉]	11-1
カラオケ⓪	5-1
からだ⓪ [体]	12-1
かわ② [川]	7-2
かわ② [皮]	13-1
かんこうきゃく③ [観光客]	11-1
がんばります⑤ [頑張ります]	6-2

き

見出し	課
きかい②⓪ [機会]	11-2
きく⓪ [聞く]	11-1
きせつ②① [季節]	6-1
きっさてん⓪ [喫茶店]	15-1
きっと⓪	11-1
きねん⓪ [記念]	9-2
きねんさつえい④ [記念撮影]	9-2
きねんひ② [記念碑]	9-2
きのう② [昨日]	6-2
きぶん① [気分]	6-2
きむら⓪ [木村]	5-2
きもち⓪ [気持ち]	6-1
気持ちがいい	6-1
キャンパス① [campus]	8-1
きょう① [今日]	6-2
きょういくがくぶ⑤ [教育学部]	8-1
きょうし① [教師]	5-2
きょうしつ⓪ [教室]	9-1
きょねん① [去年]	6-1
きらい⓪ [嫌い]	7-2
きれい① [奇麗]	7-1
きんちょう⓪ [緊張]	13-2
きんようび③ [金曜日]	9-1

く

見出し	課
くすり⓪ [薬]	14-2
クラブ① [club]	11-1
クラブかつどう④ [club活動]	11-1
くる① [来る]	9-1
くれる⓪	10-1

け

見出し	課
けいざいがく③ [経済学]	14-2
ケーキ① [cake]	10-1
けしき① [景色]	9-2
けっか⓪ [結果]	14-2
けっこう① [結構]	8-2

こ

見出し	課
こい① [鯉]	8-1
こいびと⓪ [恋人]	5-2
こう⓪	12-1
こうえん⓪ [講演]	11-1
こうえんかい③ [講演会]	9-1
こうがい① [郊外]	7-1
こうがくぶ③④ [工学部]	8-1
こうこう⓪ [高校]	5-2
こうつう⓪ [交通]	7-1
こうどう⓪ [講堂]	11-2
コーヒー③ [coffee]	15-1
コーラ① [cola]	15-1
こきょう① [故郷]	7-1
こくさいがくぶ⑤ [国際学部]	8-1
こくさいこうりゅう⑤ [国際交流]	8-1

ここ⓪	7-1	ざんねん③ [残念]	11-2
ごご① [午後]	9-1	**し**	
ございます④	15-1	し⓪ [詩]	9-2
ごぜんちゅう⓪ [午前中]	11-1	～じ [時]	9-1
こちら⓪	5-1	シーディー③ [CD]	14-1
こと② [事]	13-1	ジェーアール③ [JR]	
こと②	14-1	[Japan Railways]	11-1
こども⓪ [子ども]	7-1	しかし②	15-2
ことわざ④⓪ [諺]	15-2	じかせい⓪ [自家製]	15-1
この⓪	5-2	～じかん [時間]	13-2
このごろ⓪ [この頃]	15-2	しずか① [静か]	7-1
ごよう② [御用]	10-2	じだい⓪ [時代]	5-2
これ⓪	5-2	したく⓪ [支度]	13-2
これから⓪	6-2	じてんしゃ②⓪ [自転車]	9-1
～ごろ① [頃]	13-2	しなもの⓪ [品物]	8-2
こんご⓪① [今後]	14-1	しばらく② [暫く]	9-2
こんど① [今度]	13-1	～じはん [時半]	9-1
こんなに⓪	7-1	します⓪	6-2
さ		じゃ①	12-1
さあ①	11-1	じゃあ①	5-2
さいこう⓪ [最高]	13-1	しゃしん⓪ [写真]	5-2
さかな⓪ [魚]	12-1	シャワー① [shower]	12-2
さしみ③ [刺身]	12-1	しゅう① [週]	12-1
さそう⓪ [誘う]	13-1	しゅうおんらい③ [周恩来]	9-2
さつえい⓪ [撮影]	9-2	～しゅうかん [週間]	10-1
さっき①	11-2	ジュース① [juice]	8-2
さとう① [佐藤]	6-2	じゅぎょう① [授業]	9-1
さむい② [寒い]	6-1	しゅくだい⓪ [宿題]	14-2
さわやか② [爽やか]	7-2	しゅっしん⓪ [出身]	5-1
～さん	5-1	しゅふ① [主婦]	5-2
さんち① [産地]	7-1	しゅみ① [趣味]	5-1
さんにんかぞく⑤		じょうず③ [上手]	13-2
[3人家族]	5-2	しょうたい① [招待]	13-1

しょうゆ⓪ [醤油]	12-1	せんせい③ [先生]	5-1
しょくじ⓪ [食事]	12-1	センター① [center]	8-1
じょし⓪ [助詞]	6-2	**そ**	
しらべる③ [調べる]	14-1	そう①	5-2
しる⓪ [知る]	11-2	そこ⓪	5-1
しんかんせん③ [新幹線]	11-1	その⓪	11-2
しんぱい⓪ [心配]	14-2	そら① [空]	6-1
心配ない	14-2	それ⓪	6-1
シンポジウム④ [symposium]	11-2	それから⓪	12-2
じんぶんがくぶ⑤		それじゃ③	13-1
[人文学部]	8-1	それに⓪	10-1
す		**た**	
すいぎょうざ③		だいがく⓪ [大学]	8-1
[水ギョーザ]	13-1	だいがくさい④⓪ [大学祭]	13-1
スーパー① [supermarket]	14-2	だいがくせい③④ [大学生]	5-2
すき② [好き]	7-1	だいじ⓪ [大事]	14-2
すく⓪ [空く]	15-1	お大事に	14-2
すくない③ [少ない]	8-2	だいじょうぶ③ [大丈夫]	11-2
すぐ①	11-2	だいすき① [大好き]	7-1
すこし② [少し]	9-2	たいてい⓪ [大抵]	8-2
すごい② [凄い]	15-2	たかい② [高い]	6-1
すずしい③ [涼しい]	6-1	だから①	11-2
ずっと⓪	15-2	たくさん⓪③	8-1
スポーツ② [sports]	6-2	～たち [達]	9-2
すむ① [住む]	13-2	たっきゅう⓪ [卓球]	15-2
せ		たてもの②③ [建物]	8-1
せいきょう⓪ [生協]	8-2	たのしい③ [楽しい]	7-2
せいざ⓪① [正座]	12-1	たべる② [食べる]	9-2
セーター① [sweater]	10-1	だめ② [駄目]	12-1
せき① [席]	5-1	だれ① [誰]	11-2
せっけん⓪ [石鹸]	12-2	たんじょうび③ [誕生日]	10-1
せつめい⓪ [説明]	12-1	たんじょうびいわい⑥	
ぜんいん⓪ [全員]	12-2	[誕生日祝い]	10-2

ち

ちいき① ［地域］	11-2
ちいさい③ ［小さい］	15-2
ちいさな① ［小さな］	9-2
ちかい② ［近い］	8-1
ちかく②① ［近く］	9-2
ちくまがわ③ ［千曲川］	7-2
ちち②① ［父］	5-2
チャンス① ［chance］	15-2
ちゅうごく① ［中国］	5-1
ちゅうごくご⓪ ［中国語］	13-2
ちゅうごくりょうり⑤ ［中国料理］	13-1
ちゅうしょく⓪ ［昼食］	9-2
ちょっと①	15-1

つ

つかいかた⓪ ［使い方］	6-2
つかう⓪ ［使う］	12-2
つかる⓪ ［浸かる］	12-2
つき② ［月］	12-1
つくる② ［作る］	13-1
つける② ［付ける］	12-1
つたえる⓪ ［伝える］	14-2
つまり①	13-1
つめたい⓪ ［冷たい］	6-1
つよい② ［強い］	6-1

て

でかける⓪ ［出かける］	10-2
てがみ⓪ ［手紙］	14-1
できる② ［出来る］	12-2
用意ができました	12-2
ですから①	12-2
テスト① ［test］	6-2
てづくり② ［手作り］	10-1
テニス① ［tennis］	15-2
では①	12-1
でも①	6-1
てりょうり② ［手料理］	12-1
でる① ［出る］	13-2
てんいん⓪ ［店員］	8-2
てんき① ［天気］	6-1
てんきよほう④ ［天気予報］	11-2
でんしゃ⓪① ［電車］	9-1

と

どう①	6-1
どうきゅうせい③ ［同級生］	9-2
とうきょう⓪ ［東京］	6-1
とおい⓪ ［遠い］	9-1
とかい⓪ ［都会］	7-1
とき② ［時］	7-1
とくい② ［得意］	15-2
どこ①	5-1
ところ③⓪ ［所］	7-1
ところで③	8-1
とても⓪	7-2
とどける③ ［届ける］	10-2
どのぐらい⓪①	8-1
トム① ［Tom］	5-1
ともだち⓪ ［友達］	10-2
どようび② ［土曜日］	11-1
とる① ［撮る］	9-2
写真を撮る	9-2
とる① ［取る］	9-2
昼食を取る	9-2
どんな①	10-2

な

なか① [中]		12−1
ながす② [流す]		12−2
なつ② [夏]		6−1
なつやすみ③ [夏休み]		13−2
なに① [何]		8−2
なにか① [何か]		8−2
なま① [生]		12−1
なまえ⓪ [名前]		11−2
ならう② [習う]		15−2
なる① [成る]		10−1
なるほど⓪		12−2
なん① [何]		5−1
なんじ① [何時]		9−1

に

にぎやか② [賑やか]		7−1
にちようび③ [日曜日]		9−2
にねんせい② [2年生]		5−2
にほん② [日本]		7−2
にほんご⓪ [日本語]		6−2
にほんしゅ⓪ [日本酒]		12−1
にほんじん④ [日本人]		14−1
ニュース① [news]		11−2
にゅうりょく⓪① [入力]		14−1
にんき⓪ [人気]		15−2
人気がある		15−2
にんげんかんけい⑤ [人間関係]		11−2

ね

ねえ①		12−1

の

のみもの② [飲み物]		15−1
のむ① [飲む]		14−2
薬を飲む		14−2
のる⓪ [乗る]		13−2

は

はい①		5−2
ばいてん⓪ [売店]		8−2
はいりかた④⑤ [入り方]		12−2
はいる① [入る]		12−2
はじまる⓪ [始まる]		9−1
はじめて② [初めて]		7−2
パソコン⓪ [personal computer]		14−1
はたち① [20歳]		10−1
はつおん⓪ [発音]		6−2
はっぴょう⓪ [発表]		13−2
はは① [母]		5−2
ははおや⓪ [母親]		12−1
はやい② [早い]		13−2
はやく① [早く]		13−2
バレーボール④ [volleyball]		15−2

ひ

ピアノ⓪ [piano]		15−2
ひく⓪ [弾く]		15−2
ピアノを弾く		15−2
ひつよう⓪ [必要]		8−2
ひと⓪② [人]		7−1

ふ

ふかい② [深い]		12−2
ふたり⓪ [2人]		8−2
ふつう⓪ [普通]		12−2
ぶっか⓪ [物価]		14−2
ふゆ② [冬]		6−1
ふる① [降る]		11−2
プレゼント② [present]		10−1

～ふん［分］	8-1	みなさん②［皆さん］	5-1
ぶんしょう①［文章］	14-1	みる①［見る］	9-2
ぶんぼうぐ③［文房具］	8-2	みんな⓪③	13-1

へ

ペキン①［北京］	5-1
べんきょう⓪［勉強］	6-2
べんり①［便利］	7-1

む

むこう②⓪［向こう］	15-1
むしあつい④［蒸し暑い］	6-1
むずかしい④⓪［難しい］	6-2

ほ

ほう①	12-1
ボールペン⓪［ball-point pen］	8-2
ほか⓪［外］	8-1
ぼく①⓪［僕］	5-2
ほら①	7-2
ほん①［本］	8-2
～ほん［本］	8-2
ほんぶ①［本部］	8-1
ほんぶん①［本文］	5-1

め

～めい［名］	8-1
めったに①	15-2
メニュー①［menu］	13-1

も

もう①⓪	8-2
もういちど⓪［もう一度］	13-1
もちろん②［勿論］	15-2
もったいない⑤	12-2
もどる②［戻る］	13-1
もの②	8-2
もみじ①［紅葉］	7-1
もらう⓪	10-1

ま

ま①［馬］	5-1
まあ①	14-1
まえ①［前］	14-2
まず①［先ず］	12-2
また⓪	11-2
まだ①	11-2
まにあう③［間に合う］	15-2
マフラー①［muffler］	10-2
まま②	12-1
マリー①［Mary］	5-1
まわる⓪［回る］	13-1

や

やきゅう⓪［野球］	15-2
やすい②［安い］	8-2
やたい①［屋台］	13-1
やはり②	15-2
やま②［山］	7-2
やる⓪	13-1

ゆ

ゆうめい⓪［有名］	7-1
ゆっくり③	15-1
ゆぶね①［湯船］	12-2

み

みごと①［見事］	7-2
みせ②［店］	8-2

よ

よい①［良い］	9-2

ようい① [用意]	12−2	りょう① [寮]	11−1
ヨーグルト③ [独yoghurt]	15−1	**れ**	
よく①	9−1	レポート② [report]	11−1
よこすかせん⓪ [横須賀線]	11−1	**ろ**	
よっつ⓪ [4つ]	8−1	ローラ① [Rola]	11−1
よにんかぞく④ [4人家族]	5−2	**わ**	
よぶ⓪ [呼ぶ]	13−1	わあ①	7−1
よろしい⓪③ [宜しい]	8−2	わかる② [分かる]	8−1
ら		分かりました	8−1
らく② [楽]	12−1	わさび①	12−1
り		わざわざ①	10−2
りよう⓪ [利用]	9−1	わたし⓪ [私]	5−1

付録 6

補足単語の索引

(右側的数字为课次)

あ

アイス① [iced]	15
あかるい⓪ [明るい]	6
あさ① [朝]	11
あさって②	6
あそぶ③ [遊ぶ]	9
あたたかい④ [暖かい]	6
あに① [兄]	5
あね⓪ [姉]	5
あむ① [編む]	13

い

いえ② [家]	8
いけません④	14
いそがしい④ [忙しい]	7
いたい② [痛い]	12
いつ①	6
いっしょに⓪ [一緒に]	9
いとこ②	13
いのうえ⓪ [井上]	5
いらっしゃいませ⑥	8

う

うそ①	15
うそを言う	15
うた② [歌]	15
うたう⓪ [歌う]	13
うみ① [海]	9
うんてんしゅ③ [運転手]	13

え

え① [絵]	14
えいが① [映画]	9
えいがかん③ [映画館]	9

お

おいしい③	7
おおそうじ③ [大掃除]	11
おかあさん② [お母さん]	5
おかね⓪ [お金]	8
おきゃくさん⓪ [お客さん]	8
おきる② [起きる]	9
おく⓪ [置く]	13
おくれる⓪ [遅れる]	12
おこる② [怒る]	13
おそい⓪ [遅い]	15
おとうさん② [お父さん]	5
おとうと⓪ [弟]	5
おとうとさん⓪ [弟さん]	5
おとこのひと③ [男の人]	8
おととい③ [一昨日]	6
おととし⓪	6
おにいさん② [お兄さん]	5
おねえさん② [お姉さん]	5
おみやげ⓪ [お土産]	15
おわる⓪ [終わる]	9
おんがく① [音楽]	13

か

かいぎ① [会議]	9
がいこくじん④ [外国人]	11
かう⓪ [買う]	9
かえる① [帰る]	12
かく① [描く]	14
かさ① [傘]	13
カメラ① [camera]	5
かようび② [火曜日]	9
かんこう⓪ [観光]	11
かんこくりょうり⑤ [韓国料理]	13
かんぱい⓪ [乾杯]	12

き

きめる⓪ [決める]	11
きょうしつ⓪ [教室]	8
きょうと① [京都]	9

く

くだもの② [果物]	7
くつ② [靴]	12
くらい⓪ [暗い]	11
クラスメート④ [classmate]	5

け

ゲーム① [game]	6
けっこん⓪ [結婚]	10
げつようび③ [月曜日]	9

こ

こうえん⓪ [公園]	8
こうちゃ⓪ [紅茶]	15
こうつうじこ⑤ [交通事故]	11
ごぜん① [午前]	9
こっか① [国花]	7
ことし⓪ [今年]	6
ことば③⓪ [言葉]	14
ごはん① [ご飯]	9
こんげつ⓪ [今月]	6
こんしゅう⓪ [今週]	10
こんど① [今度]	12

さ

さきに① [先に]	12
さくら⓪ [桜]	7
さくらのき⓪ [桜の木]	8
さそう⓪ [誘う]	11
ざっし⓪ [雑誌]	8
さらいげつ② [再来月]	6
さらいしゅう⓪ [再来週]	10
さらいねん⓪ [再来年]	6
さんじゅっぷん③ [30分]	8

し

シーディー③ [CD]	5
じけん① [事件]	10
じしょ① [辞書]	10
しぬ⓪ [死ぬ]	11
じゅんび① [準備]	14
しょうせつ⓪ [小説]	15
じょうほう⓪ [情報]	9
しょくじ⓪ [食事]	9
しる⓪ [知る]	15
しろい② [白い]	10
しんがく⓪ [進学]	10
しんせつ① [親切]	7
しんぶん⓪ [新聞]	5

す

すいようび③ [水曜日]	9
スーパー① [supermarket]	7
スカート② [skirt]	10

すずき⓪ ［鈴木］	5		と	
すわる⓪ ［座る］	12		とうかいだいがく⑤ ［東海大学］	8
せ			とおい⓪ ［遠い］	8
せんげつ① ［先月］	6		とうきょうえき⑤ ［東京駅］	9
せんしゅう⓪ ［先週］	10		とうきょうだいがく⑤ ［東京大学］	11
せんせんげつ③ ［先々月］	6		ところで③	7
せんせんしゅう⓪③ ［先々週］	10		ともだち⓪ ［友達］	7
そ			どようび② ［土曜日］	9
そうさ① ［操作］	14		**な**	
そうだん⓪ ［相談］	11		なか① ［中］	6
そつぎょう⓪ ［卒業］	10		ながい② ［長い］	6
そと① ［外］	12		ならう② ［習う］	12
そば① ［傍・側］	8		なんようび③ ［何曜日］	9
そろう② ［揃う］	12		**に**	
た			にがて③ ［苦手］	15
たてもの②③ ［建物］	7		にく⓪ ［肉］	12
だれ① ［誰］	8		にほんじん④ ［日本人］	10
ち			にわ⓪ ［庭］	8
ちがう⓪ ［違う］	12		**ぬ**	
ちかてつ⓪ ［地下鉄］	9		ぬぐ① ［脱ぐ］	12
ちず① ［地図］	5		**ね**	
ちゅうごくじん④ ［中国人］	5		ネクタイ① [necktie]	10
つ			ねる⓪ ［寝る］	14
つくえ⓪ ［机］	8		**は**	
て			バス① [bus]	9
ティー① [tea]	15		パソコン⓪ [personal computer]	7
テキスト①② [text]	12		はなす② ［話す］	11
デザート② [dessert]	15		バナナ① [banana]	7
てら② ［寺］	7		はる① ［春］	6
テレビ① [television]	9			
でんしじしょ③ ［電子辞書］	8			
でんち① ［電池］	8			
でんわ⓪ ［電話］	8			

ひ

ビデオ①	[video]	6
ヒヤリング①	[hearing]	9
びょういん⓪	[病院]	7
びょうき⓪	[病気]	11
ひらがな③⓪		12
ひる②	[昼]	11

ふ

ふじさん①	[富士山]	10

へ

へや②	[部屋]	6
ペン①	[pen]	9

ほ

ぼたん①	[牡丹]	7
ホット①	[hot]	15
ほん①	[本]	5
ほんや①	[本屋]	7

ま

まいしゅう⓪	[毎週]	10
まち②	[町]	7
まつ①	[待つ]	11
まんが⓪	[漫画]	9

み

みち②	[道]	11

む

むすこ⓪	[息子]	13
むらかみはるき③	[村上春樹]	15
むりょう⓪	[無料]	12

も

もくようび③	[木曜日]	13
もつ①	[持つ]	
もも⓪	[桃]	8
もんだい⓪	[問題]	15

や

やくそく⓪	[約束]	12
やさい⓪	[野菜]	7
やさしい⓪	[易しい]	6
やすみ③	[休み]	9
やすむ②	[休む]	11
やま②	[山]	6
やまのぼり③	[山登り]	15

よ

よぶ⓪	[呼ぶ]	11
よむ①	[読む]	11
よる①	[夜]	11

ら

らいげつ①	[来月]	6
らいしゅう⓪	[来週]	10
らいねん⓪	[来年]	6
ラジオ①	[radio]	14

り

りゅうがくせい③	[留学生]	8
りょう①	[寮]	8
りょこう⓪	[旅行]	13
りんご⓪	[林檎]	9

ろ

ろんぶん⓪	[論文]	13

わ

わかい②	[若い]	15
ワシントン②	[Washington]	13

付録 7

中国の省および省庁所在地の読み方

省（市　自治区）	省（市　自治区）庁所在地
黒竜江　こくりゅうこう	哈爾濱　ハルビン
吉林　きつりん	長春　ちょうしゅん
遼寧　りょうねい	瀋陽　しんよう
北京市　ペキンし	北京　ペキン
天津市　テンシンし	天津　テンシン
河北　かほく	石家荘　せっかそう
河南　かなん	鄭州　ていしゅう
山東　さんとう	済南　さいなん
山西　さんせい	太原　たいげん
上海市　シャンハイし	上海　シャンハイ
江蘇　こうそ	南京　ナンキン
浙江　せっこう	杭州　こうしゅう
福建　ふっけん	福州　ふくしゅう
安徽　あんき	合肥　ごうひ
湖南　こなん	長沙　ちょうさ
江西　こうせい	南昌　なんしょう
湖北　こほく	武漢　ぶかん
広東　カントン	広州　こうしゅう
広西壮族自治区　こうせいチワンぞくじちく	南寧　なんねい
海南　かいなん	海口　かいこう
重慶市　じゅうけいし	重慶　じゅうけい
四川　しせん	成都　せいと
雲南　うんなん	昆明　こんめい

貴州　きしゅう	貴陽　きよう
西蔵自治区　チベットじちく	拉薩　ラサ
新疆維吾尔自治区　しんきょうウイグルぞくじちく	烏魯木斉　ウルムチ
青海　せいかい	西寧　せいねい
甘粛　かんしゅく	蘭州　らんしゅう
寧夏回族自治区　ねいかかいぞくじちく	銀川　ぎんせん
内蒙古自治区　うちモンゴルじちく	呼和浩特　フフホト
陝西　せんせい	西安　せいあん
台湾　たいわん	台北　たいぺい
香港特別行政区　ホンコンとくべつぎょうせいく	香港　ホンコン
澳門特別行政区　マカオとくべつぎょうせいく	澳門　マカオ

付録8

日本の都道府県と県庁所在地の読み方

	都道府県(とどうふけん)	都道府県庁所在地(とどうふけんちょうしょざいち)
北海道地方 ほっかいどうちほう	北海道 ほっかいどう	札幌 さっぽろ
東北地方 とうほくちほう	青森県 あおもりけん	青森市 あおもりし
	岩手県 いわてけん	盛岡市 もりおかし
	宮城県 みやぎけん	仙台市 せんだいし
	秋田県 あきたけん	秋田市 あきたし
	山形県 やまがたけん	山形市 やまがたし
	福島県 ふくしまけん	福島市 ふくしまし
関東地方 かんとうちほう	東京都 とうきょうと	新宿区 しんじゅくく
	茨城県 いばらきけん	水戸市 みとし
	栃木県 とちぎけん	宇都宮市 うつのみやし
	群馬県 ぐんまけん	前橋市 まえばしし
	埼玉県 さいたまけん	浦和市 うらわし

関東地方 かんとうちほう	千葉県 ちばけん	千葉市 ちばし
	神奈川県 かながわけん	横浜市 よこはまし
中部地方 ちゅうぶちほう	新潟県 にいがたけん	新潟市 にいがたし
	富山県 とやまけん	富山市 とやまし
	石川県 いしかわけん	金沢市 かなざわし
	福井県 ふくいけん	福井市 ふくいし
	山梨県 やまなしけん	甲府市 こうふし
	長野県 ながのけん	長野市 ながのし
	岐阜県 ぎふけん	岐阜市 ぎふし
	静岡県 しずおかけん	静岡市 しずおかし
	愛知県 あいちけん	名古屋市 なごやし
近畿地方 きんきちほう	大阪府 おおさかふ	大阪市 おおさかし
	京都府 きょうとふ	京都市 きょうとし
	兵庫県 ひょうごけん	神戸市 こうべし
	滋賀県 しがけん	大津市 おおつし
	奈良県 ならけん	奈良市 ならし

近畿地方 きんきちほう	三重県 みえけん	津市 つし
	和歌山県 わかやまけん	和歌山市 わかやまし
中国地方 ちゅうごくちほう	岡山県 おかやまけん	岡山市 おかやまし
	広島県 ひろしまけん	広島市 ひろしまし
	山口県 やまぐちけん	山口市 やまぐちし
	鳥取県 とっとりけん	鳥取市 とっとりし
	島根県 しまねけん	松江市 まつえし
四国地方 しこくちほう	愛媛県 えひめけん	松山市 まつやまし
	徳島県 とくしまけん	徳島市 とくしまし
	高知県 こうちけん	高知市 こうちし
	香川県 かがわけん	高松市 たかまつし
九州地方 きゅうしゅうちほう	福岡県 ふくおかけん	福岡市 ふくおかし
	佐賀県 さがけん	佐賀市 さがし
	長崎県 ながさきけん	長崎市 ながさきし
	大分県 おおいたけん	大分市 おおいたし
	熊本県 くまもとけん	熊本市 くまもとし

	宮崎県	宮崎市
九州地方	みやざきけん	みやざきし
きゅうしゅうちほう	鹿児島県	鹿児島市
	かごしまけん	かごしまし
沖縄地方	沖縄県	那覇市
おきなわちほう	おきなわけん	なはし

付録 9

练习答案（部分）

第5課

六、1．b　2．c　3．a　4．c　5．a　6．c

七、1．はい，そうです。

2．馬さんの趣味はカラオケです。

3．はい，馬さんは3人家族です。

4．いいえ，木村さんは4人家族です。

5．いいえ，木村さんの妹さんは大学生ではありません。

八、（参考）

学生：（対家人）こちらは私の先生です。

家人：初めまして。

老师：初めまして，木村です。どうぞよろしくお願いします。

学生：先生，こちらは母です。隣は妹です。

母：Aの母です。どうぞよろしくお願いします。

十、これは僕の家族の写真です。これは父です。会社員です。これは母です。母は主婦です。妹です。これは僕です。大学生です。この犬は僕の恋人です。

第6課

六、1．が　2．ほど　3．あまり　4．でも　5．ね　6．よ

七、根据课文回答下列问题。

1．東京の秋はいい季節です。空が青くて高いです。

2．暑いですが，東京ほど蒸し暑くないです。

3．東京より寒いです。風が冷たくて，強いです。

4．秋です。

八、1．（1）b　（2）a　（3）b　（4）b

　　2．（1）北京の冬は寒いです。

　　　　（2）寒くないです。

　　　　（3）寒くないです。

　　　　（4）寒くないです。

九、男：今年の冬は寒いですね。

　　女：そうですね。<u>風が強くて</u>。

　　男：でも，去年もおととしも<u>暖かかった</u>でしょう。

　　女：そうでしたね。去年もおととしもあまり寒くなかったですね。

第7課

六、（1）ここ　（2）そこ，ここ　（3）あそこ　（4）どこ，ここ

七、1．c　　2．a　　3．b　　4．c

　　5．a　　6．c　　7．a　　8．b

八、1．佐藤さんの故郷は紅葉の有名なところです。

　　2．いいえ。昔，佐藤さんの故郷は交通が便利ではありませんでした。

　　3．佐藤さんは，子どもの時，にぎやかな都会が好きでした。

　　4．佐藤さんは故郷の紅葉が大好きです。

　　5．はい，馬さんは秋が好きです。

九、（参考）

　　　　私の故郷は田舎で，野菜の産地です。交通はあまり便利ではありませんが，とても静かなところです。

　　　　今はにぎやかな町です。有名なところです。交通はとても便利です。

十、佐藤さんの故郷は静かなところです。そこの紅葉はとても有名です。佐藤さんは鮮やかな紅葉が大好きです。馬さんの故郷は田舎で，いちごの産地です。昔，佐藤さんの故郷は交通が<u>便利ではありません</u>でした。人はあまり<u>多くなかった</u>です。今はとてもにぎやかで，人が<u>多い</u>です。

第8課

六、1．b　　2．b　　3．a　　4．c
　　5．a　　6．b　　7．b　　8．c

七、1．大学の本部は駅に近いです。
　　2．あそこの新しい建物が国際交流センターです。
　　3．はい，本部には新しい建物があります。
　　4．本部キャンパスには学部が4つあります。
　　5．池に鯉がたくさんいます。
　　6．生協は品物が安いです。

九、わたしは東海大学の学生です。人文学部にいます。大学は駅に近いです。とても便利です。キャンパスも広いです。人文学部は本部キャンパスにあります。そのほかに工学部と<u>教育学部</u>があります。学生は<u>9000名</u>ぐらいいます。大学には池が<u>2つ</u>あります。池に<u>鯉</u>がたくさんいます。

第9課

六、例1：
　　1．昼食はここで取りません。
　　2．記念碑はここで見ました。
　　3．ご飯はここで食べませんでした。
　　例2：
　　1．おいしかったので，たくさん食べました。
　　2．景色がきれいなので，人がおおぜいいました。
　　3．おもしろい漫画なので，買いました。

七、1．a　　2．c　　3．a　　4．b
　　5．b　　6．a　　7．c　　8．b

八、1．馬さんは4階の大きい教室へ行きます。
　　2．馬さんは電車で学校へ来ます。日本の電車は便利ですから。
　　3．講演会は金曜日の午後，1時半です。
　　4．日曜日に馬さんは同級生たちと嵐山へ行きました。

5．嵐山はきれいな景色が有名です。

6．はい，人はおおぜいいました。

7．少し高かったですが，おいしかったです。

九、きのうは<u>日曜日</u>でした。馬さんは<u>佐藤さんと嵐山へ行きました</u>。<u>電車</u>で行きました。京都駅から嵐山まであまり遠くなかったです。そこの紅葉はとても鮮やかでした。馬さんは佐藤さんとたくさん写真を撮りました。

第10課

六、1．馬さんは去年の誕生日にお父さんから自転車をもらい，お母さんからセーターをもらいました。

2．馬さんは友達と買い物に行きました。

3．馬さんはマフラーを買いました。

4．馬さんの誕生日だから，木村さんは馬さんにプレゼントをあげました。

5．木村さんは馬さんに手作りのプレゼントをあげました。

七、1．お誕生日おめでとうございます。

2．これはわたしの手作りのケーキです。

3．木村さん，わたしに何かご用ですか。

4．わたしは友だちと一緒に買い物に行きました。

5．去年の誕生日には母からセーターをもらいました。

八、今日は馬さんの誕生日です。去年の誕生日に，お母さんからスカートをもらいましたが，今年はセーターをもらいました。そのセーターは母の手作りでした。それから，佐藤さんからも誕生日のプレゼントをもらいました。それは赤いマフラーでした。馬さんは誕生日の日に，プレゼントをいろいろもらい，とても嬉しかったです。

1．c　　2．b　　3．a　　4．b

第11課

六、例1：

　1．東京は蒸し暑いから，嫌いです。

　2．あの先生は親切だから，大好きです。

　3．このカメラは安いから，いいです。

例2：

　1．A：トムさん，日曜日何をしますか。

　　　B：教室の大掃除をします。

　　　A：田中さんも来るんですか。

　　　B：さあ，彼女が来るか来ないか分かりません／来るかどうか分かりません。

　2．A：トムさん，午後何をしますか。

　　　B：この授業のレポートを書きます。

　　　A：田中さんも書くんですか。

　　　B：さあ，彼女が書くか書かないか分かりません／書くかどうか分かりません。

　3．A：トムさん，あさって何をしますか。

　　　B：映画を見に行きます。

　　　A：田中さんも行くんですか。

　　　B：さあ，彼女が行くか行かないか分かりません／行くかどうか分かりません。

七、1．c　　2．a　　3．b　　4．a
　　5．b　　6．c　　7．b

八、1．馬さんはクラブ活動で鎌倉へ行きます。

　2．馬さんはＪＲ横須賀線で鎌倉へ行くんです。（クラブ活動で行くんです。）

　3．あした，雨が降るかどうか分かりません。

　4．鎌倉は古い寺が多いから。

　5．有名な学者がするでしょう。

　6．馬さんは講演を聞きに行きません。

十、馬さんは先週の土曜日に東京大学へ行きました。そこで有名な学者の講演を聞きました。マリーさんを誘いました。マリーさんは病気なので，行きませんでした。講演はおもしろかったです。月曜日の授業で講演のことをみんなに話しましょう。

　　1．a　　2．b　　　　3．b　　　　4．c

十二、1．新幹線で行くか行かないかまだ分かりません。

　　　2．バスでもいいのですが，時間が大丈夫かどうか分かりません。

　　　3．雨でどこへも行きませんでした。

　　　4．あしたはきっと天気がいいでしょう。

　　　5．お母さんにお菓子を届けるかどうか，電話でお姉さんに聞きましょう。

第12課

六、例1：

　　1．→a．まず集まってください。それから行ってください。

　　　　→b．集まってから行ってください。

　　2．→a．まず講演を聞いてください。それから記念撮影をしてください。

　　　　→b．講演を聞いてから記念撮影をしてください。

　　3．→a．まずプレゼントを選んでください。それから届けに行ってください。

　　　　→b．プレゼントを選んでから届けに行ってください。

例2：

　　1．忙しいから，来ないでください。

　　2．人が集まらないから，先に食べないでください。

　　3．観光客でいっぱいだから，写真を撮らないでください。

例3：

　　1．先生は留学生だけ教えます。

　　2．わたしは魚だけ食べます。

　　3．わたしは日本語だけ分かります。

例4：

　　1．馬さんは木村さんを誘って写真を撮ります。

　　2．醤油をつけてさしみを食べます。

　　3．トムさんを呼んで講演を聞きに行きます。

七、1. a　　　2. b　　　3. a
八、1. d　　　2. b　　　3. d　　　4. c
　　5. a　　　6. d　　　7. b　　　8. d
九、1. 日本人は食事の前に「いただきます」と言ってから食べます。
　　2. 中国ではふつう魚は生のままで食べません。
　　3. 刺身は醤油とわさびをつけて食べます。
　　4. 日本人は湯船の中でせっけんを使いません。
　　5. 日本のお風呂には家族全員が入るから，お湯がたくさん入っているのです。
十、

　　お母さん，お元気ですか。
　　　夏休みに，友達の佐藤さんの家へ行きました。佐藤さんのお母さんはとてもいい方です。佐藤さんのお母さんの手料理を食べました。日本で初めて刺身を食べました。正座もしました。正座で足が痛かったです。夜，佐藤さんの家でお風呂に入りました。お風呂の入り方も中国と違います。とてもおもしろかったです。
　　では，また。
　　お元気で。

　　　　　　　　　　　　　　　　　　　　　　××年××月××日
　　　　　　　　　　　　　　　　　　　　　　玲玲

　　1. 馬さんは夏休みに佐藤さんの家へ行きました。
　　2. 佐藤さんは馬さんの友だちです。
　　3. 佐藤さんの家で馬さんは初めて刺身を食べました。
　　4. 足が痛かったです。
　　5. 同じではありません。
十二、1. 今，中国の家にはたいてい子供は一人しかいません。
　　　2. どうぞ，楽にしてください。
　　　3. 水を流さないでください。もったいないですから。

第13課

六、1．お母さんはセーターを編んでいません。
　　2．お父さんは新聞を読んでいません。
　　3．兄は怒っていません。
七、1．a　　2．b　　3．c　　4．a　　5．b
　　6．c　　7．a　　8．c　　9．a　　10．b
八、1．大学祭ではふつういろいろな国の料理の屋台や発表会などがあります。
　　2．馬さんの「外交メニュー」は水ギョーザです。
　　3．馬さんと木村さんはほかの屋台を回ってから，中国料理の屋台でギョーザを食べます。
　　4．木村さんはいつも7時半ごろに家を出ます。
　　5．木村は中国語で発表するので，緊張しています。
　　6．木村さんは中国の大学で中国語を勉強しました。
九、朝，馬さんは早く家を出て，木村さんといっしょに大学祭に行きました。大学祭には中国料理の屋台にインド料理の屋台と日本料理の屋台もありました。中国料理の屋台では，何人かの学生が水ギョーザを作っています。馬さんは日本料理が好きで，木村さんを誘って日本料理の屋台へ行きました。でも，木村さんは水ギョーザが好きだから，日本料理の屋台を回ってから，また中国料理の屋台へ来て，水ギョーザを食べました。
　　1．c　　2．c　　3．a
十、1．A：母と妹は何をしていますか。
　　　　B：母と妹は買い物をしています。
　　2．A：学生たちは何をしていますか。
　　　　B：学生たちは紅葉を見ています。
　　3．A：弟は何をしていますか。
　　　　B：弟は勉強しています。
　　4．A：先生と学生たちは何をしていますか。
　　　　B：先生と学生たちは写真を撮っています。
　　5．A：お父さん，お母さんとお姉さんは何をしていますか。
　　　　B：お父さん，お母さんとお姉さんはギョーザを作っています。
　　6．A：馬さんは何をしていますか。
　　　　B：馬さんはマフラーを選んでいます。

十一、1．日本人はよく魚を食べます。

2．明日は日本語で発表するので今緊張しています。

3．あなたの日本語はとても上手なので，大丈夫です。

4．わたしは学校に近いところに住んでいます。

5．馬さんは日本語で宿題をやっています。

第14課

六、1．a　2．a　3．b　4．c　5．b　6．c

七、1．馬さんは部屋でＣＤを聞きながら日本語を入力しています。

2．日本語入力はパソコンを使って，日本語の文章を書くということです。

3．馬さんは日本語の入力で分からないことがあったら，本で調べたり，日本人の友達に聞いたりします。

4．トムさんは頭が痛かったからです。

5．先生はトムさんのことを聞いて「だいじょうぶですか」と「お大事に」と言いました。

八、1．日曜日いつも買い物をしたり，好きなテレビ番組を見たりします。

2．歩きながら話しましょうか。

3．みんなは「馬さんから始めましょう」と言いました。

4．講演はまだ始まっていませんよ。

5．馬さんはいいことをしたと思います。

十、わたしはＣＤを聞きながら，日本語入力の練習をしています。日本語入力はつまりパソコンを使って，日本語の文章を書くということです。難しいですが，今後の勉強に必要だと思います。何か分からないことがあったら，いつも本で調べたり，先生に聞いたりします。先生はいつも「馬さんはよくがんばっていますね」と言うので，とてもうれしいです。

1．「わたし」はＣＤを聞きながら日本語入力の練習をしています。

2．日本語の入力は難しいです。

3．分からないことがあったらいつも本で調べたり，先生に聞いたりします。

4．先生は馬さんのことを「馬さんはよくがんばっていますね」と言っています。

5．「わたし」はそれを聞いてとてもうれしいです。

第15課

六、1. d 2. c 3. c 4. c 5. d
　　6. c 7. a 8. b 9. d 10. c

七、1. 汗をいっぱいかいたからです。
　　2. 店員のお薦めは自家製のヨーグルトケーキです。
　　3. ヨーグルトケーキとコーヒーにしたのはトムです。
　　4. 日本では野球が一番人気があります。
　　5. 木村さんはテニスより野球のほうが得意です。
　　6. 馬さんは木村さんにピアノを習いたいのです。またトムさんを誘いたいのです。

八、1. わたしの故郷のいちごはたいへん有名です。早く食べたいですね。
　　2. 馬さんは中国料理の中ではギョーザがいちばんおいしいと言っています。
　　3. 木村さんはテニスより野球のほうが上手です。
　　4. マリーさんも友達に日本語で手紙を書きたいと言いました。
　　5. A：中国語であなたの質問に答えてもいいですか？
　　　 B：だめです。日本語の授業だから，日本語でわたしの質問に答えてください。

九、日本は喫茶店が多いです。みんなはそこで休んだり，話したりします。とても便利です。そこではお茶よりコーヒーなどを飲む人が多いです。日本の喫茶店ではお茶をティーと呼んで，紅茶のことを指しています。つまり，紅茶しかありません。だから，コーヒーやほかの飲み物を飲む人が多いのでしょう。

　　1. 多いです。
　　2. みんなはそこで休んだり，話したりすると言っています。
　　3. そこでお茶よりコーヒーを飲む人が多いです。
　　4. はい，そうです。日本の喫茶店ではお茶は紅茶だけです。

十、(参考)

　　A：Bさんはどんなスポーツが好きですか。
　　B：そうですね。テニスも好きですが，山登りが一番好きです。
　　A：山登り？僕も海より山が好きだから，週末にはよく山へ行きます。
　　B：そうですか。いつか一緒に行きましょう。山は空気がよくて。
　　A：そうしましょう。ぼくは料理も得意だから，ぼくの手作りのものを持っていって山でいっしょに食べましょう。
　　B：ほんとうですか。それはいいですね。じゃあ，飲み物は僕が買います。

主な参考書

《大学日语课程教学要求》	教育部高等学校大学外语教学指导委员会日语组	
	高等教育出版社	2008.9
《大学日语第二外语课程教学要求》	课程教学要求研订组	
	高等教育出版社	2005.7
《大学日语（第二外语）教学大纲》	高等教育出版社	1993.5
《日本语初级综合教程》	李妲莉主编	
	高等教育出版社	2004.2
《新编基础日语》（修订版）第1，2册	孙宗光　赵华敏	
	上海译文出版社	2004.5，2005.3
《日语语法新编》	刘振泉编	
	北京大学出版社	2004.8
《新编日语语法教程》	皮细庚编	
	上海外语教育出版社	2003.1
《新世纪日语教程》	清华大学外语系编	
	外语教学与研究出版社	2004.10
《综合日语》第1-2册	彭广陆　守屋三千代　总主编	
	北京大学出版社	2004.8，2005.1
『NHK日本語発音アクセント辞典』	日本放送出版協会	1998.4.25
『初級を教える人のための　日本語文法ハンドブック』		
	松岡　弘監修	
	スリーエーネットワーク	2000.5.23
『常用漢字ミラクルマスター辞典』	小学館	1998.4.1
『新しい国語表記ハンドブック』（第五版）		
	三省堂	2005.2.1
『ゼロから学ぼう』	日本語教育教材開発委員会	2004.4
『日本語教育のための文法用語』		
	国立国語研究所　平成13年7月10日	
『日本語能力試験　出題基準（改定版）』	国際交流基金	
	財団法人日本国際教育協会	2002.2.25